U0562892

SHENZHEN LONGHUA

URBAN SAMPLE OF DIGITAL CHINA CONSTRUCTION

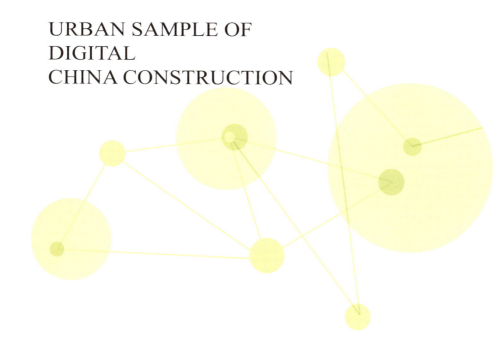

深圳龙华

数字中国建设的城区样本

汤志伟————编著

社会科学文献出版社
SOCIAL SCIENCES ACADEMIC PRESS (CHINA)

前　言

进入数字时代，数字化发展水平已成为衡量一个国家现代化程度和综合实力的重要标志之一。数字中国建设是中国特色社会主义事业步入新时代以来数字化建设的最新战略，其将对我国经济、政治、文化、社会、生态等诸多方面产生广泛而深刻的影响，推动我国迈向全方位数字化的现代化强国。

在数字中国建设的背景下，位于深圳地理中心和城市发展中轴的龙华区全面开启了数字经济、数字城区、数字治理"三位一体"的"数字龙华"发展战略。"数字龙华"的建设始终坚持"以人民为中心"的建设理念，全面推动经济、政治、文化、社会、生态的数字化转型，形成了城市全域数字化转型模式，实现了更加强劲的产业增长、更加可持续的城市发展、更加高效的社会治理，为我国城市数字化转型探索出了可借鉴、可复制的模式与路径。

数字经济发展方面，龙华以打造数字经济先行区为目标，形成了产业数字化引领型的数字经济发展模式，构建了智造为本、双向赋能、样板示范、要素聚集的发展路径。在一系列有力措施的推动下，龙华数字经济已成为经济发展的主引擎，以工业互联网、人工智能为核心的数字经济产业呈现集群化发展态势，数字技术与实体经济实现了深度融合，中小型制造企业数字化转型成效显著。

数字城区发展方面，龙华以打造未来城市试验区为目标，形成了全生命周期型的数字城区发展模式，构建了数字营城、万物智联、场景驱动、空间再造的发展路径。龙华着力建设"万物互联、数智融合、技术引领"的数字基础设施体系和未来城市场景建设生态体系，多个示范性场景成功落地。

数字治理方面，龙华以打造智慧治理示范区为目标，形成了统合治理型的数字治理发展模式，构建了党委领导、政府负责、数据支撑、协同治理的发展路径。龙华将党建的传统优势与新一代信息技术有机融合起来，推动组织优势、科学技术转化为治理效能，在科技支撑下不断强化"党建引领"作用。2021 年 7 月，龙华"党建 + 科技 + 治理"的基层治理模式被国家发改委列为深圳经济特区创新举措和经验做法，全国推广。

龙华数字经济、数字城区、数字治理的建设并非相互隔绝，而是相互促进、互为保障，形成一体化发展的城市数字化转型格局。数字龙华既是贯彻数字中国的政策实践，也是我国城区全域数字化转型的探索尝试，更为数字中国提供样板经验，是数字中国战略的有机组成部分。

目录 CONTENTS

CHAPTER 1

数字中国建设的时代意蕴

数字中国战略是中国特色社会主义事业步入新时代以来我国数字化建设的最新战略，是应对我国经济社会主要矛盾变迁、寻求我国竞争创新发展优势的重要抉择，涉及中国经济、政治、社会生活的各领域信息化建设。以数字化为代表的中国新型技术革命和行业改造的加快实施，不断赋予数字中国更丰富的建设内涵。数字中国战略是一个内容丰富多彩的有机系统，包含着中国经济社会各阶段的数字化进程。打造数字强国，是深入贯彻落实习近平总书记关于网络强国战略思想的重要行动，是主动应对新型技术变革、奋力抢抓我国数字化竞争与创新优势的必然需要，也是让中国信息化事业进一步适应人民群众日益增长的美好生活需求、助力向第二个百年奋斗目标进军的迫切需要。

1.1　数字中国的由来

数字中国这一理念最初是受到国际上提出的数字地球概念的启发而被提出的，从学术界的地域网络的纯科学定义出发，后逐步走向各地信息化工程建设的实践，并终于成为我国科技发展战略。其中数字福建的建立更具转折性作用，推动数字中国建设由此脱离了外国带来的狭隘定义而走上了国民经济社会的全方位数字化。放眼未来，数字中国建设将对我国经济、政治、文化、社会、生态等诸多方面形成更广泛的影响，并将引导我国迅速迈向全方位数字化的现代化强国。

1.1.1　数字中国提出的客观依据

1. 数字中国提出的时代背景

马克思主义哲学指出，人类的认识是一个从感性认识到理性认识不断深化的过程。而认识又指导实践，随着人类认识的不断深化，人类的实践活动不断细致化、精准化。作为人类认识活动不断深入的一大重要结果，数字化同时也引导着人们从数字化认识走向数字化实践。因此，从这一角度来看，数字中国建设实质就是中国在面对数字化相关领域的认知革命时所做出的回应。而为这场认知革命提供技术支持，并进而引发了一场新的技术革命的关键性技术就是以电子技术、计算技术等为代表的数字技术。这场新的技术革命就是所谓的信息技术革命。这场革命爆发于 20 世纪中叶，被阿尔文·托夫勒称为"第三次浪潮"，被丹尼尔·贝尔称为"后工业社会"。

从 20 世纪 50 年代到 80 年代，随着电子技术、计算机技术的不断发展，人们开始尝试运用这些数字技术来解决工作生活中遇到的一些实质性问题，比如尝试运用数字技术记录生产活动中的日常操作，这就为数字存储和记录相关功能的兴起和发展奠定了重要的基础，进一步推动了数字化进程，使得数字逐渐以新资源的形式存在，数字化成为人类社会生活中的一种生存方式。

数字化的生存方式在互联网兴起之后进入了飞速发展阶段，这一时期开始于 20 世纪 90 年代，专家把这一时期呈现出来的新的网络世界叫作"信息高速公路"。进入 21 世纪，互联网技术发展更加迅速，它使得不同区域、不同领域的数据汇集了起来，改变了数字零散的状态，形成了一种新的资源——数字资源。通过这种方式，世界各国、各地区之间的交流与联系空前频繁而密切，这就使得地球变得越来越"小"。由此可见，21 世纪全球互联网等数字技术已然成为世界各国之间交流合作的重要手段，任何国家和地区都不可能置身于这种全人类范围的信息革命之外。为此，中国结合自身实际，积极应对以数字化为代表的新一代信息革命，科学地提出了数字中国的概念，积极抢占数字战略高地。从这个角度来看，数字中国提出的时代背景就是全球范围内的信息技术革命。

2. 数字中国提出的直接诱因

在信息技术革命的大背景下，为了能够在这场新的技术革命中占据有利地位、引领世界未来发展，世界各国政府开始结合本国国情制定相应的战略。其中最为典型的就是美国。美国政府为了抓住这次重要机遇，不断地提出相关国家战略，以确保自身世界主导的地位。美国前总统比尔·克林顿制定了"信息高速公路"国家战略计划，在这之后，1998 年 1 月在加利福尼亚州科学中心开幕典礼上，美国前副总统戈尔做了题为"数字地球：认识21 世纪我们所居住的星球"的演讲，数字地球的概念正式诞生，开启了美国数字化战略进程。而所谓的数字地球就是指地球以及外星球的全面数字化和信息化，将物理实体的地球映射成为一个可认知、可计算、可视化和可操控的数据库，并制作形成一个虚拟的地球，从而更加有利于认识和研究地球，其技术基础就是互联网技术、全球定位系统等技术。美国数字地球概念的提出，逐渐掀起了对地球甚至外星球的数字化浪潮，同时也激发了全球各国进入数字化建设进程。

为了应对数字地球所掀起的数字化浪潮，我国提出了数字中国的概念，其最初的含义与数字地球的定义类似，指我国各类自然资源的数字化，为我国各地区的自然资源建立一个虚拟的数据库，以便加强对自然资源的掌握、认识和管理，为其提供技术支持的是卫星通信、全球定位系统等技术。可见，正是在数字地球概念提出后，为了回应这个概念，我国才结合国情正式提出数字中国的概念，由此开启了我国自然资源的数字化研究。所以从这个角度来看，数字中国提出的直接诱因就是美国提出了数字地球，它直接催生了数字中国这一概念。

3. 数字中国提出的地方实践

福州大学副校长王钦敏于 2000 年 9 月将《"数字福建"项目建议书》和《2000 年 9 月"数字福建"总体框架方案》两份政策咨询报告递交给了当时的福建省省长习近平。习近平同志接到这两份报告之后十分重视，并作出重要批示："建设'数字福建'意义重大，省政府应全力支持。实施科教兴省战略，必须抢占科技制高点。建设'数字福建'，就是当今世界最重要的科技制高点之一。建设'数字福建'不是可望不可即的事情，我省在这方面有较好的人才和经济基础，经过努力是可以实现的。要选准抓住这个科技制高点，集中力量，奋力攻克。"①

在对王钦敏副校长的两份报告作出重要批示之后，在 2000 年 10 月 27 日召开的福建省委第六届十二次会议上，福建省委将"数字福建"写进了"十五"计划纲要之中，并以时任省长习近平为组长，组建了一个数字化建设领导小组。正是在习近平同志的率领下，福建省逐渐将数字化向省内多个领域推广，并如火如荼地开展以"数字化、网络化、可视化、智能化""新四化"为目标的数字化实践。这已经远远领先于国内其他省份和地区，同时期其他省份和地区的数字化建设，仅仅局限于数字地球和数字中国的区域性测绘数字化。

由此可见，作为数字中国建设的预演，"数字福建"的提出和实践是数字中国提出之前的原初语境，是中国在进行全面数字化运动的地方性实践探索，它为在全中国进行数字化建设积累了重要的实践经验，为数字中国建设提供有效借鉴，为数字中国建设奠定重要基础。

4. 数字中国提出的战略背景

2011 年 6 月，美国麦肯锡咨询公司在一份咨询报告中正式提出了大数据的概念。之后的一年被称为"大数据元年"。随着大数据技术的不断发展，全球主要国家陆续提出符合本国实际的大数据国家战略，人类社会已然进入大数据时代。我国出于种种原因，错失前面几次科技革命的重要机遇，导致我国相关科技领域起步较晚。面对以数字化为代表，以互联网、大数据、人工智能等为基础的新一代信息技术革命，以习近平同志为核心的党中央在总结以往经验、吸取教训之后，及时抓住机遇，擘画中华民族

---

① 中共福建省委、福建省人民政府：《"数字福建"建设的重要启示——习近平同志在福建推动信息化建设纪实》，《人民日报》2018 年 4 月 20 日，第 1 版。

的全面信息化蓝图。2015 年 10 月，党的十八届五中全会首次提出"国家大数据战略"并发布了《促进大数据发展行动纲要》。进而，2015 年 12 月 16 日，在浙江乌镇举办的第二届世界互联网大会开幕式上，习近平总书记正式提出要"推进'数字中国'建设"的号召①。

数字中国概念最早提出只是为了回应数字地球概念，其内涵具有一定局限性。在国家大数据战略背景下，习近平总书记结合中国实际情况，赋予了数字中国国家战略意义（尤其是国家信息化建设纲领），拓展了数字中国的定义范畴，为数字中国建设的开启奠定了前提条件。因此，数字中国内含国家信息化发展战略，它不仅是中华民族伟大复兴的重要内容之一，也是建设现代化强国和实现民族复兴的重要途径。因此，从这个意义上看，数字中国的提出具有重要的战略意义。

1.1.2　数字中国的发展脉络

根据黄欣荣和潘欧文（2021）的研究，数字中国的发展脉络大致可以分为萌芽阶段、探索阶段和纵深发展阶段。这三个阶段展现了在全球数字化发展领域中国从追赶者到引领者的发展路径，展现了中国共产党治国理政的能力与智慧。

1. 数字中国的萌芽阶段

萌芽阶段的时间为 20 世纪 90 年代中期至 2000 年。这一阶段数字中国的研究对象主要是中国的自然资源；研究主体主要是地球研究者、测绘工作者。该阶段的数字中国的研究目标主要是对中国的地理资源进行数字化处理，建构数字化的地理信息系统，

---

① 《习近平在第二届世界互联网大会开幕式上的讲话》（2015 - 12 - 16）［2022 - 05 - 28］，http://www.gov.cn/xinwen/2015 - 12/16/content_5024712.htm。

主要局限在学术界和测绘部门，政府部门特别是地方政府没有参与到数字中国的建设中。以地理信息系统为基础，萌芽阶段的数字中国旨在以遥感卫星图像为主要技术分析手段，在农业、资源环境、生态系统、水土循环系统等方面开展具体的应用实践。

处于萌芽阶段的数字中国的概念和目标与当前所说的数字中国的概念和目标有很大不同。可以说，虽然两者概念相同，但本质有重大差异。萌芽阶段所说的数字中国虽然是以中国为研究对象，但只是简单地把中国当成地球的一个重要组成部分来进行研究，而不是以中国的全部领域作为主要研究对象。但这一阶段仍然对现在的数字中国建设具有重要意义。首先，这一阶段的工作为智慧地球、智慧城市等的提出与发展打下了良好的基础；其次，这一阶段数字中国概念被第一次正式地提了出来，推动了数字中国概念的普及；最后，这一阶段数字中国的相关建设经验，可为当前中国的数字中国建设提供重要参考。

2. 数字中国的探索阶段

数字中国的探索阶段为 2001～2015 年，该阶段的数字中国建设从学术界的研究与探讨进入各地政府的建设实践中。在这个阶段，以数字福建为代表的地区数字化建设跳出了数字地球的内容和外延，进行了全面的地区数字化建构工作。

在这一阶段，由于地区之间存在差异，地区数字化建设展现出多样性，突出表现在建设内容上，比如有些地区侧重于城市区域与地理信息系统构建工作，有的地区侧重于城市环境资料的数字化建设，有的地区侧重于互联网与电子政务工作等。虽然在内容上地区之间呈现多样性的特点，但它们都有一个相对共同的特点，即基本上都是拘泥于信息技术应用实践这一单一领域。其中，唯有数字福建跳出了科技层面，迈向了全域性的自然环境、国民经济、文化发展的全方位数字化。尽管发端于数字地球，但与当时学界关心的数字中国等概念相比，数字福建在内容和外延上都具有明显的不同。

　　探索阶段的各地区数字化建设，由于积累了不同地区数字化建设的实际经验，具有多样性和丰富性，为之后的数字中国建设提供了很多教材和丰富的实践经验，尤其是在地理信息系统、数字城市、数字政府建设等方面。其中具有重要贡献和借鉴意义的就是数字福建的建设，它突破了数字地球的局限，从单一的地理信息系统建设逐渐扩展为推动整个经济社会发展的重要工程，并以强化体制机制统筹和顶层规划设计为手段，开创性地提出了一条以数字区域建设引领带动区域经济社会转型升级的创新驱动发展路径，从而为数字中国建设提供了全方位数字化的建设样板①。虽然探索阶段的数字化建设，为数字中国建设提供了一定的经验，在一定程度上推动了数字中国的建设进程，但是，这一阶段数字中国的建设仍存在一定的局限性。具体而言，这一阶段大部分政府部门对数字中国建设仅仅局限于地理信息系统领域应用实践探索，只注重于以地理信息系统、全球定位技术为基础的地理信息的综合集成和具体领域的应用。

　　3. 数字中国的纵深发展阶段

　　自 2016 年起，习近平总书记开始明确提出并赋予数字中国崭新内涵，完全跳出数字地球的束缚，全方位表征全国所有现代化系统的信息化水平，把数字中国融入党和国家的各项计划中，完全勾勒出我国现在和未来的现代数字化工程图样，并明确地指出促进数字化发展和构建数字中国的具体工作目标。此外，在纵深发展阶段，数字中国已由专业性研究转向我国各地的具体实践，

---

① 中共福建省委、福建省人民政府：《"数字福建"建设的重要启示——习近平同志在福建推动信息化建设纪实》，《人民日报》2018 年 4 月 20 日，第 1 版。

并全部上升为我国经济社会发展战略。因此，随着数字化在社会生活各个领域的纵深发展，以及中国共产党对数字中国持续不断的关注，数字中国的发展呈现新的发展态势。

数字经济发展已成为我国经济高质量发展的关键动力来源。我国新型信息化正在加快融入国民经济的各应用领域，不断推动促进企业生产、技术装备、工艺、管理、服务水平等持续提高，促进企业建立了新的创新体制、生产方式和企业形态，跨领域、协同化、网络化的互联网平台已是中国制造业创新的最主要载体。智慧制造业生产、互联网生产、柔性制造、绿色制造、服务式生产等新型模式涌现，网络平台经济运行、资源共享经济运行、零工经济运行等新型产业竞相出现，产业转型提升将加快迈向更广区域、更高水平。2020 年，中国数字经济规模达到 39.2 万亿元，占国内生产总值的比重达 38.6%①。

数字政府已成为我国政府治理能力和治理体系现代化的重要基础。数字政府作为大数据时代的一种全新行政管理形式，正在全面调整和改革政府行政流程、组织结构和机制，促进部门从粗放管理向细致管理转型，从各部门独立运作向部门间协作共享管理转化，从被动适应管理工作向自主预判管理工作转化。数字政府促使政府从以往由经验出发的模糊管理机构向以大统计驱使的细致管理机构转型升级，促进部门真正做到用统计讲话、用统计决定、用统计管理工作、用统计分析开拓创新，进一步提升政府行政决定的能力。

数字社会已成为实现人民群众美好生活需求的重要基础。"都市大脑"将通过汇集、集成、运用都市各领域数据资源，进行以大数据资源为基石的管理技术与业务模型创新，赋能都市公交、

---

① 资料来源于《中国互联网发展报告（2021）》。

卫生保健、人文旅游、环保教育等各种场景运用，助力智能都市建设走深向实。新一代信息技术深入融合人民群众日常生活，将不断产生更智能的商品、更人性化的服务、更优质化的生活体验，智能手机、智能车辆、智能家居已成为普通老百姓的基本日常生活需要。电子商务平台、直播带货以及小微经济等丰富了平民百姓的购买途径，而远程诊疗、在线教育、数字娱乐则丰富了民众的生活体验，从而更好地满足了广大人民群众对美好生活的要求。当然，在数字国家建设中也有着值得注意的问题，比如产品数字化的需求亟待释放、服务数字化发展不均衡等，而这些问题都需要在今后的数字中国建设过程中加以解决。

1.2　数字中国的内涵

在对数字地球概念的理解和掌握的基础上，我国总结数字福建等地方数字建设的实践经验，结合国家发展的实际情况，创造性地提出了数字中国的科学概念，对于我国的数字化发展与建设具有重要的理论指导作用。

1.2.1　数字中国的基本含义

习近平总书记提出的数字中国其实就是新时代的国家信息化。从外延来说，中国的数字化或数字化的中国，包括经济社会发展各领域的数字化转型。而数字中国基于数字福建的原初语境，内涵不断扩展和延伸，逐渐形成了包含数字经济、数字政府、数字文化、数字社会、数字生态等范畴在内的重要概念。国家"十四五"规划第五篇"加快数字化发展，建设数字中国"，明确要求"加快数字经济、数字社会、数字政府，以数字化转型整体驱动生产方式、生活方式和治理方式变革"①。数字中国是一个内涵丰富的有机体（张超，2022），是"以人为本"的科技创新驱动，真正体现了创新、协调、绿色、开放、共享的新发展理念。由此可见，数字中国以数字技术引领创新为前提，以与数字相关的安全能力为保障，力图实现数字惠民、数字兴业和数字强政三大目标。总之，从本质上看，数字中国更多强调以数字技术为手段，加快社会生活其他领域的建设，以更好地实现人民群众对美好生活的向往。

1.2.2　数字中国的五大维度

基于"五位一体"总体布局的精神和国家的"十四五"规划，可将数字中国分解为数字经济、数字政府、数字文化、数字社会和数字生态五大维度。对这五个维度的理解和分析，有助于我们更加全面地掌握数字中国的科学内涵。

1. 数字经济维度

根据 G20 杭州峰会发布的《二十国集团数字经济发展与合作倡议》，数字经济是指以现代信息网络为重要载体、以数字知识和信息为主要生产要素、以信息通信技术为效率提升和经济结构优化的巨大动力，是继农业经济、工业经济之后的一种新的经济社会发展形式，数字经济还需要土地、劳动力、资金、技术等生产要素和相应的基础设施来支撑，这与过去是一脉相承的，不同的是，这些元素在信息技术背景下都需要经历数字化转型，一种新的生产元素——数据将被生成。数字经济结构的组成部分一分为二，一个是产业数字化，另一个是数字产业化。产业数字化的内

---

① 《中华人民共和国国民经济和社会发展第十四个五年规划和 2035 年远景目标纲要》（2021 – 03 – 13）［2022 – 05 – 28］，http：//www. gov. cn/xinwen/2021 – 03/13/content_5592681. htm。

涵要义在于，运用新发展出来的信息技术手段，通过数字化的方式去改变打造原来的产业，从而谋求原来产业的转型与升级。与此相比较的数字产业化，创新驱动力是信息技术，由此持续性地催生出各种类型的新产业、新业态与新模式，最后形成数字产业链和产业集群，即一种由大数据产业、人工智能产业、云计算、移动互联网等集结而成的样态。

2. 数字政府维度

随着政府治理与新型信息技术的加速融合，以大数据、人工智能等技术嵌入治理过程为特征的数字政府是电子政务发展的下一个阶段。数字政府与电子政府存在政策概念上的差异，反映了不同时期政府信息化发展的政策目标与建设内容（黄璜，2020）。数字政府建设主要是政府通过互联网对其自身组织进行重塑，对其自身的运行过程、活动内容等进行数字化创新，让政府工作人员学习和掌握数字技术，使政府能够运用数字技术开展实际政务活动，解决实际工作中遇到的问题，进而创新政务活动形式，丰富政务内容（何圣东和杨大鹏，2018）。数字中国未来发展的重要特征就是公共服务普惠化和政府决策科学化，这就要求我们持续推进数字政府的建设工作。数字政府能够重塑政务服务的供给、公共决策的参与和政府的监管等流程，而这些流程的重塑也将对政府的组织和结构有相当深远的影响。当前，作为建设服务型政府的重要抓手，建设一体化政府的主要助力，以及增强政府治理智慧化水平的重要工具，数字政府建设已经步入了全面深化和推进的阶段，更加需要注重数据技术在政府部分的运用和推广，以加速数字政府进程（汤志伟和李金兆，2021）。

3. 数字文化维度

一个民族的精神和灵魂是文化，国家发展和民族振兴的强大力量也是文化。数字中国的建设也必须有文化力量的支撑，方能使数字中国有血有肉有灵魂。如今是数字化、信息化、全球化的时代，为了呼应国家数字中国建设的战略性选择与必然性要求，要对国内和国外形势新的变化与特点进行准确地把握，在公共文化服务体系建设的应用上注重联系人民群众持续升高的精神文化方面的需要，以及现代化的科学技术如信息、数字、网络技术等传播手段。

4. 数字社会维度

社会构建是中国特色社会主义强国战略构建的重要前提条件，所谓数字社会，其主体形态是智能社会，智能社会则是数字技术背景下社会运作和管理的完整形式，它是促进社会与智能双向互动、相互融合的有效形式。数字中国建设将从社会数据信息化与经济数据信息社会性两个层面直接影响我国未来社会构建的重大发展战略。信息化建设是社会建设和社会管理的重要支撑条件，数字技术尤其是大数据技术、人工智能等的迅猛发展，为未来的智能社会的运作奠定了重要的信息化建设基础，确保建立一个全新的以人为本、普惠全体民众的公共服务体制，这样才能更好地落实数字民生，实现数字生活。从大数据信息社会性问题出发，未来数字社会通过对网络等数字技术的运用，社会的管理和运行变得更加数字化、智能化和精准化，从而不断提升社会管理和运行的质量和效率，以确保更加科学高效地开展社会治理活动，提升民众社会生活幸福感。

5. 数字生态维度

在党的使命宗旨面前，生态环境是一个重要且巨大的政治性命题。在民生福祉面前，生态环境是一个关键性的社会性命题。在网络技术与数字通信技术迅猛发展的环境下，数据规模与种类都突飞猛进，并且催生出一系列的智能技术，其代表包括大数据技术、云计算和人工智能。智能化的技术能够为环境治理带来越发高效率与开放性的平台，其运用也是环境治理体系变革的新的驱动力和增进能力现代化的新兴方法。如今，生态文明建设重要性变得日渐突出，在生态文明建设领域中智能技术的广泛应用被加快推进，即实现数字生态变得格外重要。数字生态的建设能带来诸多好处，其中重要一点便是对倡导人与自然和谐共生的数字中国发展建设提供强有力的支持。

1.3 数字中国建设的战略意义

没有信息化，就没有现代化。信息化将代表着新的工业生产合作关系和新的经济发展方向，将促成工业生产合作关系质的飞越，并引起工业生产合作关系的巨变。当前，新一代信息技术尤其是互联网、大数据、人工智能等数字技术的不断发展，将给全球各地经济、政务服务、社会治理、民众生活等造成巨大而深刻的影响。推进数字中国建设，正是与我国全新的历史方位相匹配，全面落实新的发展理念，通过信息化来培养新的动力，进而在新的动力基础上促进创新发展，又通过创新来促进新的辉煌的客观要求。

1. 数字中国是贯彻落实新发展理念的集中体现

发展数字中国，是贯穿实施创新、协调、绿色、开放、共享五大新发展理念的集中表现。数字中国借助网络的信息技术能力和行业集成能力促进中国经济产业链的供给侧变革，发挥网络在中国经济中的技术创新驱动功能，推动国家经济发展和技术创新的动力充分涌现，促进中国国家综合能力全面提升，积极推进社会主义创新型国家的构建进程。构建数字中国，可以发挥网络技术在资讯交换、共享等领域的技术优越性，有效地降低资讯流动的障碍和企业生产的成本，有效地加快各种资源要素流转速度、改善供求配套效果和提升信息资源使用率，实现都市之间、区域之间的协调快速发展。数字中国是对绿色发展理念生动鲜明的反映。把互联网、云端运算和虚拟现实等现代信息技术充分运用于污染物管理、相关信息资源节省与使用等领域，可以有效地改善都市环境保护基础设施水平，进一步完善都市现代环境保护体制，实现都市低碳快速发展、循环经济快速发展，不断提升都市生态建设的产品质量和稳定性，不断改善都市生存环境，推动经济发展方式向健康绿色生态化转变。数字中国是一种开放性的系统，通过运用网络技术能够更高效方便地收集信息资料、进行文化交流活动，同时，也给经济落后地区、低收入群体提供更多的参加经济社会活动、共享发展成就的机遇，以便于进一步缩小大中城市与地区间收入的差距，从而达到共享。

2. 数字中国建设为推进国家治理体系和治理能力现代化提供了重要支撑

实现中国社会治理体系的现代化，就需要紧密依托信息化，发挥信息化在实现中国社会治理体系现代化过程中的关键作用。数字中国建设有利于形成数字化的经济社会管理体制和服务系统。数字中国是推动政府部门决策科学化、治理精确化和服务高效化建设的关键技术手段。政府科学决策，必须对政策内容有充分、系统和正确的了解，并经过调查研究以掌握第一手资源。治理精细化要求正确认识、把握经济社会发展过程中的问题、短板和隐患，并需要合理的社会资源统一与协调。公共服务效率化，需要维护广大群众在公共服务范畴的知情权、参加权、表达权、监督权。习近平总书记指出，"要建立健全大数据辅助科学决策和社会治理的机制，推进政府管理和社会治理模式创新"①。数字中国的战略决策完善了大数据分析辅助科学决策与社区管理的机制，并促进了政府行政管理与社区治理模式的革新，打通了政府部门决策与社会管理过程中存在的"技术壁垒"。另外，利用大数据分析也为增强政府对风险因素的认识、预警、防治等能力创造了有效平台，由此可以进一步完善网络综合治理体制，营建清朗的社会网络空间。

3. 数字中国建设有利于各项事业发展

数字中国建设将为中国的经济、政治、文化、社会、生态等方面的建设提供数字技术与信息资源支持和保障，是统筹推动国家"五位一体"总体布局以及协调推进"四个全面"战略布局的重大实践工程。数字中国建设必须落脚于造福社会、造福人民，通过全面完善现代信息技术基础设施，积极推广应用新型信息技术，进一步提升人民群众日常生活的智能化、便利化水准，使广大人民群众在信息化发展中有更多的获得感。作为一门新型的技术生产资料，大数据分析已成为国民经济创造发展的新基本要素，衍生出新产业、新业态、新模式。中国通过新科学信息技术与传统经济之间的相互交融，重塑传统经济运作形式。

4. 数字中国建设助力中国抢占未来发展制高点

全球经济数字化转变正成为未来发展趋势，而新阶段的工业革命也正深刻重塑着人类社会生活。当今全球经济正在遭遇近百年前所未有的重大变局，全球新冠肺炎疫情的巨大影响还将延续，国际社会未来经济发展中的风险因素正在增加，给全球政治、经济、科学技术、社会发展等各方面都带来前所未有的巨大冲击。

①　习近平：《审时度势精心谋划超前布局力争主动 实施国家大数据战略加快建设数字中国》，《人民日报》2017 年 12 月 10 日，第 1 版。

与此同时，通过生物信息技术、新能源科学技术、新建筑材料技术与新型信息技术之间的创新性融合，不断生成一系列集群性创新，这一系列的集群性创新还呈现绿色、智慧等特点，并不断催生出人类社会新的生产方式，不断推动信息技术的新一轮变革。全球经济社会正在走向以万物互联、信息推动、应用定义、服务支持为特征的数字经济蓬勃发展新时期。推动经济社会数字化发展已然成为全球共识，大数据竞争力也日益成为全球各国间新一轮争夺的重点。所以，我国要想在未来世界经济发展进程中取得强势优势，完成全面推动经济社会发展的战略目标，以及中华民族伟大复兴的中国梦的宏图壮志，全力推动数字中国建设就至关重要。

1.4　数字中国建设的成效与挑战

任何矛盾都是对立统一的，这必然要求一分为二地看待和分析问题。近年来，数字中国建设取得了一定的成就，但是受国际环境、国内地区发展不均衡、疫情等因素的影响，数字中国建设仍面临诸多挑战和困境。

1.4.1　数字中国建设的成效

从数字中国的萌芽阶段到探索阶段，再到之后的纵深发展阶段，数字中国建设实现了由追赶者到全球引领者的重大转变，尤其是党的十八大、十九大以来，在以习近平同志为核心的党中央的领导下，党和国家不断加强数字中国建设的顶层设计，强化统筹协调，实施网络强国战略、"互联网＋"行动等一系列决策部署，为数字中国提供了强大的支撑，这就使得数字中国建设质量效益加快提升，目前在基础设施、制度建设等领域取得显著的建设成效，见图 1 - 1。

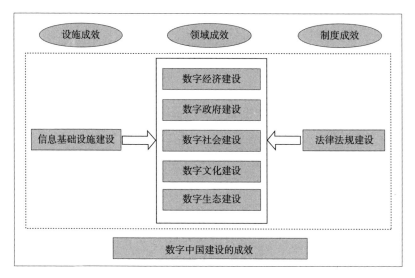

图 1 - 1　数字中国建设成效

资料来源：作者绘制。

1. 信息基础设施建设成效

信息基础设施是保障数字中国建设的基本前提。2021 年，我国加大对信息基础设施的建设力度，鼓励和支持信息技术的开发和研究，信息基础设施建设规模全球领先。《数字中国发展报告（2021 年）》显示，到 2020 年底我国固定宽带家庭的普及率与2015 年底相比，增加了 43.4 个百分点，已经达到了 96% 的水平。这一报告还指出，目前我国是世界上 5G 网络建设速度最快和建设规模最大的国家，2021 年底已经建成了 142.5 万个 5G 基站，5G终端连接数量已经超过 2 亿大关，用户数达到 3.55 亿户。另外，我国移动网络发展速度也极快，2020 年移动宽带用户普及率提升到了 108%，全国超过 98% 的行政村、贫困村都联通了光纤和 4G网络。相较于 2015 年底 41.9 亿 GB，2020 年底我国移动互联网用户接入流量已经达到 1656 亿 GB。移动网络的普及和发展速度之快，可见一斑。此外，我国国家域名数量稳居世界第一。2021 年底，已经在全国范围内大规模部署互联网协议第六版（IPv6），我国 IPv6 申请地址数量为 63052 块/32，位居世界第一，IPv6 活跃用户数达到 6.08 亿户，固定宽带和移动 LTE 网络 IPv6 升级改造也已经全面完成。我国信号定位系统相关技术也在迅猛发展，北斗三号全球卫星导航系统开通，全球范围定位精度低于 10 米，并已在 20 多个国家开通高精度服务，总用户数超 20 亿户。

2. 数字经济建设成效

我国数字经济的发展速度不断加快，其在发展质量和发展效益上呈现不断上升的趋势，数字经济的发展不断突破，再上新台阶。2020 年，中国数字经济规模达到 39.2 万亿元，占国内生产总值比重达 38.6%，保持 9.7% 的高位增长速度[①]，俨然成为稳定经济增长的关键动力。2021 年，我国数字经济规模进一步达到 45.5 万亿元，占国内生产总值比重达到 39.8%，比 2020 年提高了 1.2 个百分点[②]。2021 年，我国电子商务交易额 42 万亿元，网上零售额 13.09 万亿元。随着数字经济的迅猛发展，我国不断出现新的市场主体，这些新的市场主体不断呈现快速增长的趋势，这就增加了大量的就业岗位，为解决就业困境提供了重要的突破口。在数字技术创新方面，2019 年以来，随着 5G、区块链、人工智能等领域快速发展，我国在相关领域的专利申请量已经稳居世界第一，并成为全球最大专利申请来源国。2020 年，在世界超算 500 强排名中，我国持续保持优势，超级计算机台数占比达 45%。国产中央处理器和存储器与国外先进水平差距缩小。通信操作系统、华

①　资料来源于《中国互联网发展报告（2021）》。
②　资料来源于《中国数字经济发展研究报告（2022 年）》。

为鸿蒙移动智能终端操作系统等相继推出，我国在智能语音识别、云计算及部分数据库领域等方面已经具备全球竞争力，在世界范围内也有一定的影响力。

3. 数字政府建设成效

我国政府在线政务服务不断优化，政务数据共享步伐加快，"掌上办""指尖办"成为政务服务标配，"一网通办""异地可办""跨省通办"渐成趋势，企业和群众获得感、满意度不断提升。我国持续不断地深化"放管服"改革，在全国范围内开展"互联网＋政务服务"，搭建全国一体化政务服务平台，并不断提升教育、医疗、社会保障、文化等信息服务在城乡范围内的覆盖率，始终坚持信息惠民便民的目标，做到让信息多跑路、群众少跑腿。此外，我国还深入推进了"互联网＋监管"，并在"互联网＋督查"上取得了初步成效，通过数字政府的建设加快了社会治安防控体系的完善。《2020 联合国电子政务调查报告》数据显示，中国电子政务发展指数从 2018 年的 0.6811 提高到 2020 年的 0.7948，在全球的排名已经上升到第 45 位，相比较 2018 年提升了 20 个位次。截至 2021 年底，在省级行政许可事项中，平均承诺时限压缩超过 50%，网上审批和"零跑动"比例达 56.36%，90.5% 的事项实现网上受理和"最多跑一次"。

4. 数字社会建设成效

数字社会建设取得的成就主要表现为数字便民惠民加速普及。在网络提速降费方面，我国政府不断陆续出台相关政策，积极倡导降低网络资费，相较于 2015 年，2020 年固定宽带和手机流量平均资费水平下降了 95%，同时，网络速率也得到极大的提升（提升 7 倍以上）。到 2021 年，我国网民规模已经达到 10.32 亿，互联网普及率上升到 73%。在教育信息化改革方面，2020 年我国持续开展国家教育信息化 2.0 行动，对全国中小学（含教学点）进行全面的互联网普及，实现了学校联网的动态清零，到 2021 年我国所有中小学（含教学点）已经全部实现联网。在民生医疗方面，我国实行"互联网 + 医疗健康"，使得人民群众看病就医更加便利，有效地缓解了人民群众看病就医难的问题。到 2020 年我国地级市的 2.4 万余家医疗机构已全部加入远程医疗协作网，其中开通线上服务的二级以上医院就有 5595 家；从电子社保卡的推广与普及来看，2020 年已经签发 3.6 亿张电子社保卡，覆盖了所有地级市。就健康信息平台来看，2021 年我国已基本建成国家全民健康信息平台，其中区域健康信息平台的普及率，省级级别的达到了 100%，地级市级别的达到了 84%，县级级别的达到了 69%。

5. 数字文化建设成效

我国数字文化建设取得的成效主要表现在以下几个方面。第一，文化资源数字化成效明显。就文化资源数据存储量而言，我国在全国范围内实施文化信息资源共享工程，实施共享的数字资源总量到 2017 年达到 532TB，保存在国家数字图书馆的数字资源总量到 2017 年达到 1532.76TB；就农村电影放映普及而言，到 2017 年我国已经在农村建立了 251 条数字院线，成立了 5 万支电影放映队。第二，传统媒体与新兴媒体深度融合发展。中央主流媒体逐渐与网络相融合，运用互联网相关技术搭建网络平台，建立移动客户端、建立全媒体数据库等，并且取得一定的成效。从相关客户端的下载次数就可以窥见传统媒体与网络技术深度融合的成效。比如：人民日报新闻客户端、新华社客户端以及中央电视台相关客户端的下载量在 2017 年分别达到 2.1 亿次、2.5 亿次、6.1 亿次。第三，网络文艺得到大力发展。近年来，我国在网络平台持续开展多类型的文艺文化活动，积极倡导网络平台坚持正确价值观，不断创新网络民众的文艺活动，激发网络民众参与文化活动的积极性。比如：在网络上开展"弘扬社会主义核心价值观，共筑中国梦"主题原创网络视听节目征选展播等活动，既宣传和弘扬了社会主义核心价值观，又丰富了人民群众的网络文化生活，催生了大批正能量的文艺作品。

6. 数字生态建设成效

近年来，我国数字生态建设方面也取得了一定的成就，突出表现在生态环境监测网络的建设方面。就陆地生态监测网络而言，2017 年我国已经建成超过 350 个的部、省、市三级监控中心，130 多个辐射环境自动监测站，在 10000 多家企业、16000 多个监控点实施污染源自动监控，并构建了管理、服务和决策数据化的新兴管理模式的雏形；就海洋生态环境检测而言，我国目前在全国范围内已经基本建成海洋生态环境检测系统，有利于对我国的海洋生态进行动态的监视和管理，有效地提升了我国海洋生态管理能力。此外，我国还在持续进行生态环境保护信息化工程，建立自然资源监管信息共享机制，并不断地完善和丰富"全国水利一张图"信息的种类和内容，增强和提升海洋相关信息的整合效率；就能源管理的数字化而言，能源数据化提升国家管理和利用相关能源效率，使得能源得到更加有效地、全面地开发和利用，以达到"物尽其用"，节约能源。我国大力实施"互联网＋"智慧能源策略，不断推进能源互联网建设，并在世界范围内处于领先地位。比如：我国大力开展特高压线路建设，截至 2017 年，我国特高压线路的长度已经达到 3.5 万公里（包括在建和在运的），这些线路每年可以提供 4000 亿千瓦以上的输电量。此外，我国还开启了 55 个"互联网＋"智慧能源试点示范项目，发起成立全球能源互联网发展合作组织，提出《全球能源互联网落实联合国 2030 年可持续发展议程行动计划》。

7. 法律法规建设成效

支撑数字中国建设的法律框架初步形成。一是网络安全方面法律制度的颁布和实施。我国先后颁布并实施了《网络安全法》（2017 年 6 月 1 日实施）、《电子商务法》（2019 年 1 月 1 日实施）、《网络安全审查办法》（2022 年 2 月 15 日实施）等信息安全法律制度，有效维护了国家安全、社会公共利益和消费者权益。二是数据安全保障等方面的法律制度也不断颁布和实施，比如 2020 年，《个人信息保护法（草案）》《数据安全法（草案）》等向社会公开征求意见。三是数字市场竞争秩序规范方面的法律制度的颁布和实施。我国 2019 年出台实施了《优化营商环境条例》，2019 年完成修订了《反不正当竞争法》。这些相关法律的颁布和实施，规范数字中国建设过程中的行为，为数字中国建设创造和谐有序的法律和制度环境。

1.4.2 数字中国建设的挑战

任何事物变化发展都是一个螺旋式上升的过程，数字中国建设作为信息时代的新产物，其发展必然也面临很多困难和挑战，主要包括国内与国际两个方面，见图 1-2。

1. 数字技术创新薄弱

作为国之重器——产业的关键技术，无论是就国家的经济发展质量而言，还是就国际安全而言都至关重要。从目前国家与国家之间的竞争发展趋势来看，在高新技术系统和环境上的角逐依然成为国家之间实力竞技的关键和核心，人类社会发展对数字相关技术的发展提出了更高的要求。这就要求国家重视数字技术的创新与发展。但是从我国发展现状来看，存在创新系统效能不足、创新资源分散且杂乱、重复建设、产品质量下降等问题，这就严重阻碍了创新成果的有效转化。同时，我国目前高新技术为人所

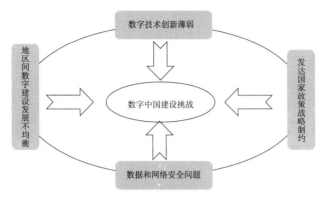

图 1-2　数字中国建设面临的挑战

资料来源：作者绘制。

控制的困境仍然没有得到明显的改善。具体而言，从研究经费的投入力度来看，由于国家对重大关键技术研究投入不够，国家没有对基本材料、重要元器件等关键共性科技的研发进行持续稳定的资金支持，从而导致相关领域的科技进步成果的迭代更新迟缓甚至出现断档的情况；从科学研究投入的均衡性来看，目前我国科学研究投入长期处于"重硬轻软"的状态，这就导致我国基础软件技术研究升级步伐缓慢、技术差距很大。这些我国科学研究领域存在的问题，在一定程度上影响我国在数字化建设中核心技术上的发展和突破。此外，数字技术对外依存度高，我国传统产业自主创新能力和技术研发能力不足，关键核心技术依赖于国外，尤其是制造业以代工和组装为主。在数字技术创新上与发达国家之间存在不小的差距。尤其是在工业软件、云计算、区块链、金融科技、工业互联网、搜索引擎等数字经济核心产业领域，相较于美国等发达国家，我国还有不小差距，"卡脖子"技术严重威胁我国数字经济的长远发展。

2. 地区间数字建设与发展不均衡

受地方经济、政治制度环境条件等多方面因素的制约，在数字中国建设过程中，我国各省区市、各地区之间数字建设存在很大的差异，呈现"东强西弱，南强北弱"的发展态势，不利于实现人民群众美好生活需要的目标。此外，数字化建设地区差异过大阻碍各地区之间交流合作，数字中国建设面临巨大挑战。从我国各省区市数字经济发展情况来看，我国各省区市之间数字经济发展水平参差不齐。从各省区市数字经济总量发展看，2017年，我国经济发展龙头省份（广东、江苏、山东）的数字经济规模均突破2万亿元，仅这三个省份的数字经济总量就占了全国数字经济总量的1/3，东北地区和西北地区的8个省份的数字经济还不到2.5万亿元，其中东北3个省数字经济总量为1.44万亿元，西北地区5个省份的数字经济总量相加只有1.07万亿元，它们分别占全国数字经济总量的5.3%和4%。广东、江苏、山东这三个省的数字经济总量是东北三省的6.2倍，是西北五省区的8倍多①。从各区域来看，东部地区明显发展快于西部地区。根据国家工业信息安全发展研究中心发布的《全国数字经济发展指数（2021）》，到了2021年，12个数字经济发展指数高于全国平均水平的省（区、市）中，有9个是东部的省份。从以上数据不难看出，目前数字中国建设在各省区市之间、各地区之间存在很大的差异性，呈现明显的发展不均衡的特征，如何更好地平衡、协调各地区各省区市之间的数字建设，是之后数字中国建设需要面对的一大挑战。

3. 数据和网络安全问题突出

数字中国深度推动，将造成全社会多行业、多环节、多市场主体、全面信息内容的广泛获取、大量集中传递，对个人隐私信息系统保障和我国权利保障提出了巨大挑战。没有网络安全就没

---

① 中国信息通信研究院编《中国数字经济发展与就业白皮书（2018）》，2018。

有国家安全，社会就不能稳定运行，广大人民群众权益也就无法获得高效保障。任何事物在数字时代都是互相联系的，都可以通过软件进行记录和存储，在这个时代世界由软件所"主宰"。任何软件无论是在开发，还是在使用过程，都会出现各种各样的漏洞，完美无缺的软件是不存在的。而正是由于软件这种不可避免的特性，不法分子就会利用软件的漏洞进行网络攻击。这就使得网络安全和数据安全问题频发，比如互联网黑客、电信网络欺诈、侵害公民个人隐私信息等违规行为。从企业（公司）发展的角度来看，企业内部的数据安全风险，一方面由于人为因素，其不仅包括外部的黑客攻击，还包括企业内部人员，如企业组织的内部工作人员由于利益诱惑等原因，将自己所在企业的内部数据信息贩卖或者透露给第三方企业，从而导致企业出现信息泄露危机。另一方面由于终端环境是客观的，其存在诸多不可控的因素，这就给企业数据带来许多不安全因素，企业运用的设备类型多样且复杂，这些设备的安全能力相对较弱，再加上用户在使用软件设备过程中安全防范意识缺失或不足，同时，互联网飞速发展，目前企业办公设备全数联网，这就给了互联网上的黑客以可乘之机。因此，从客观的办公设备角度来看，企业数据信息泄露的风险大大增加，数据信息暴露的风险口不断扩大，数据安全风险管控空前严峻。总之，各种不可控因素的增加，使得数据信息安全风险增加，这是数字中国建设过程中必然面对的困难和挑战。

4. 发达国家相关政策和战略制约发展

在数字经济核心产业层面，中国在数字技术领域还面临来自欧美国家在政治和法律层面形成的竞争。欧盟从 2020 年开始，以提高自身数字技术主权、降低数字技术对外依存度、增强自身数字创新能力为目标，陆续发布了一系列政策文件和法律框架。这一系列动作导致全球数字经济发展出现"裂痕"，在一定程度上，对数字中国建设的进程也产生了影响。在欧盟提出相关政策文件之后，美国信息技术与创新基金会在 2021 年 1 月发布了《美国全球数字经济大战略》报告，这份报告指出，在过去的 20 年，数字经济的兴起进一步深化了全球一体化。面对中国的竞争，美国需要一个宏大、全面的战略指导，以保持美国在全球科技领域的领导地位。基于这样的分析，美国制定出一系列防止中国数字经济发展的战略计划，以维护美国全球经济的霸权地位。比如：美国和欧盟联手，在 2021 年 6 月成立了"贸易和技术委员会"，这个委员会的任务就在于促进美欧数字化转型和新兴技术合作，将全球数字经济和技术标准的制定权掌握在美欧手里。美国和欧盟这一系列举动，在一定程度上对正处于发展阶段的数字中国建设造成不小的压力和挑战。

CHAPTER 2

数字龙华的
模式阐释

数字龙华战略的诞生顺应了数字化发展的全球大势，贯彻落实了国家、广东省、深圳市的数字化转型战略，是数字中国战略在基层的"映射"。数字龙华中的数字经济、数字城区和数字治理相互促进、互为补充，共同推动龙华朝着产业动能更加强劲、城市发展更可持续、社会治理更加高效的目标迈进。与其他地区数字化转型不同之处在于，数字龙华强调全域数字化转型，是"以人民为中心"发展思想、共建共治共享理念、整体性治理理论、生态系统理论与数字化转型的有机结合。随着数字龙华战略的不断推进，其必将为数字中国建设提供理论与实践方面的示范。

2.1　数字龙华的诞生背景、内容框架与发展目标

2.1.1　数字龙华的诞生背景

数字龙华战略的提出是多方面因素共同推动产生的结果，见图 2 - 1。从宏观层面来看，数字龙华战略顺应了数字化的历史潮流，脱胎于"数字中国"战略以及广东、深圳数字化战略大背景，产生于粤港澳大湾区建设和深圳建设中国特色社会主义先行示范区的"双区"环境。从底层叙事视角看，数字龙华战略的提出与龙华自身扎实的数字化基础密不可分。

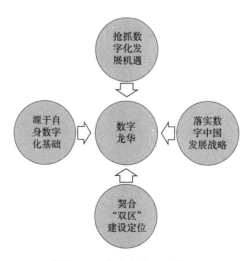

图 2 - 1　数字龙华诞生背景

资料来源：作者自制。

1. 数字龙华建设是抢抓全球数字化发展机遇的需要

数字化是当今时代最大的发展趋势，数据是当前最具活力的生产要素。数字技术发展所形成的数字产业化，以及所带来的产业数字化，带动了国民经济的发展。同时数据这一要素自身作为交易对象，其同管理、技术、资本、知识等要素的融合，更加快了要素的流动与聚集，推动经济发展。中国信息通信研究院2021年发布的《全球数字经济白皮书——疫情冲击下的复苏新曙光》数据显示：2020年全球数字经济规模总量达到32.6万亿美元，占全球生产总值比重达到43.7%，比2019年上升了2.5个百分点，产业数字化和数字产业化分别占到数字经济的84.4%和15.6%，一二三产业数字经济占比分别达到8%、24.1%和43.9%。中国信息通信研究院发布的《全球数字经济新图景（2020年）》进一步显示：2018年全球数字经济对一二三产业渗透率为7%、22.8%和37.9%，而到了2019年，数据分别是7.5%、23.5%和39.4%。中国信息通信研究院的《全球数字治理白皮书》表明：全球数字治理规则正在演变重塑，例如欧盟、美国、中国等主要经济体积极布局全球数字治理，出台有关数字化转型的战略和政策，数字治理中的多边机制重新发挥作用，积极引领数字治理向前发展。

从国内来看，中国信息通信研究院发布的《中国数字经济发展白皮书》显示，国内数字经济规模从2005年的2.6万亿元上升到2020年的39.2万亿元，其占国内生产总值的比重也由14.2%上升到38.6%；2020年数字经济增速达到9.7%，比同期国内生产总值名义增速高了7.4个百分点，数字产业化和产业数字化规模分别达到7.5万亿元和31.7万亿元；数字经济对一二三产业的渗透率由2016年的6.2%、16.8%和29.6%上升到2020年的8.9%、21.0%和40.7%。数字化发展已成为当代中国最大的发展趋势。在中国数字经济不断发展的大背景下，党和国家也在不断运用数字化趋势，积极推进智慧社会、网络强国、数字政府、数字乡村建设，这是数字龙华提出的国内大背景。数字龙华战略的推出与全球数字化趋势以及国家大力推进数字化同频共振。

2. 数字龙华建设是落实数字中国发展战略的举措

数字龙华战略脱胎于中央、广东、深圳三个层级的数字化战略。党的十八大以来，以习近平同志为核心的党中央高度关注互联网、区块链、人工智能等新兴技术引发的数字化转型大潮。自2015 年习近平总书记在世界第二届互联网大会开幕式讲话中首提推进数字中国建设以来，中央层面已经开展多次有关数字化转型学习，出台若干数字化政策。随着中央层面对数字化战略的不断推进与部署，数字中国具体建设内容逐步清晰明确，发展数字经济、建设数字政府、打造数字社会成为核心内容。与此同时，在数字中国战略的推动下，广东省、深圳市均出台了支持数字化的政策。中央、省、市三级数字化战略，构筑起数字龙华战略的上层架构。同时中央、省、市数字化政策涵括政府、市场（经济）、社会以及生态等方面，为龙华提出数字经济、数字城区和数字治理"三位一体"的数字龙华战略提供指导。

3. 数字龙华建设契合"双区"建设的目标定位

深圳作为"双区"叠加的城市，在全国发展中具有先发优势与引领示范效应。中共中央、国务院印发的《粤港澳大湾区发展规划纲要》明确要求深圳市"发挥作为经济特区、全国性经济中心城市和国家创新型城市的引领作用"，并"依托香港、澳门、广州、深圳等中心城市的科研资源优势和高新技术产业基础……联合打造一批产业链条完善、辐射带动力强、具有国际竞争力的战略性新兴产业集群，增强经济发展新动能"。《中共中央国务院关于支持深圳建设中国特色社会主义先行示范区的意见》

中提到"打造数字经济创新发展试验区""开展数字货币研究""推进'数字政府'改革建设""支持深圳大力发展数字文化产业和创意文化产业，加强粤港澳数字创意产业合作"。深圳承载着党和国家赋予的探索数字化转型发展先行示范区建设的重任。在"双区"建设中，深圳市地位独特。实现"双区"建设目标，需要根据深圳市内部的产业、技术、资源、人才等分布，科学合理地将任务分配到各区、各产业、各单位。龙华区作为深圳市数字经济发展前列的行政区，具有技术、人才、交通等资源禀赋，为了进一步确立深圳在全国数字化发展的先行示范地位和国际领先定位，数字龙华战略应运而生，抓住了"双区"建设的历史机遇，契合了"双区"建设的目标定位。

4. 数字龙华源于龙华数字化发展的坚实基础

龙华区在数字基础设施、数字经济、智慧城市、人才引进与培养等方面取得长足发展，这为推出"三位一体"的数字龙华战略奠定了坚实基础。在数字基础设施方面，以5G基站为例，2020年龙华区比预期时间提前2个月完成全区6021个5G基站建设任务，实现5G信号全覆盖，为数字龙华发展打下良好基础①。在数字经济方面，《深圳市龙华区数字经济发展研究报告》显示：龙华区数字经济核心产业产出2018年为4126.7亿元，数字经济法人单位数量达到448家。在智慧城市建设方面，早在2014年龙华区便提出建设智慧龙华，2017年正式印发《深圳市"智慧龙华"发展规划（2017－2025）》，确定了龙华区智慧城市"五统一支撑、五通道联动、三汇集提升、十智慧发展"的总体建设框架，到2020年"智慧龙华"一期工程基本完成，建成全国首个区级物

---

① 《龙华区6021个5G基站全开通》，龙华政府在线（2020－06－29）［2022－03－28］，http：//www.szlhq.gov.cn/xxgk/xwzx/gzdt/content/post_7828522.html。

联感知平台，接入消防、照明、环水、视频等，上线 23 万物联终端设备，列深圳市第一，实现全区物联感知一张图①。在人才引进与培养方面，从 2014 年开始实施"龙舞华章计划"系列人才政策以来，龙华区认定了一批高层次人才，累计引进省市创新创业团队 20 个，2019 年人才总量已突破 72 万人，为数字龙华的提出奠定了人才基础②。

2.1.2　数字龙华的内容框架

数字经济、数字城区和数字治理构成了"三位一体"数字龙华的整体战略框架。在数字经济层面，龙华主要通过发展数字技术、推动产业数字化转型、打造数字经济产业区块和构筑数字经济生态体系，推动龙华区数字经济发展，将自身建设成为数字经济先行区；在数字城区层面，强调应用场景建设、IP 体系塑造、数字基础设施、融合基础设施和适配未来城市的新部件建设、未来城市服务机制探索、未来城市体验，推动龙华建设成为未来城市试验区；在数字治理层面，从"城市大脑"建设、智慧城市全面应用、数字社会建设、数据要素市场化和数据治理五方面支撑龙华成为智慧治理示范区。

发展数字经济带来产业的数字化转型、数字技术的运用、人才的聚集和资本的积累，驱动数字龙华发展，同时数字经济的高速发展要求数字基础设施的完善、城市智能体的打造和数字治理

---

① 《"智慧龙华"一期基本完工新型智慧城市全国标杆雏形初显》，中国日报中文网（2020 - 08 - 07）［2022 - 10 - 11］，http：//ex. Chinadaily. com. cn/exchange/partners/82/rss/channel/cn/columns/j3u3t6/stories/WS5f2006dba310a859d90dc976. html。

② 《全力打造人才强区 2019 年龙华区人才总量已突破 72 万》，深圳新闻网（2019 - 05 - 21）［2022 - 05 - 04］，http：//ilonghua. sznews. com/content/2019 - 05/21/content_21998014. htm。

的配套跟进；数字城区通过开展未来城市场景试验，夯实数字赋能底座，打造互联互通的数字中台以及感知智能体，为发展数字经济和开展数字治理奠定良好基础，同时也为数字技术的运用，"城市大脑"、智慧城市等的建设和运用提供场景；数字治理则是将数字技术在治理语境下的具体运用，数字治理中的"城市大脑"、智慧城市、数字社会以及数据治理和数据市场化一方面更好地推动数字经济和数字城区发展，另一方面通过设定数字社会、数字政府和数据治理达到的理想状态，明确数字经济和数字城区的发展导向。数字经济、数字城区和数字治理相互之间相互促进、互为保障。

2.1.3 数字龙华的发展目标

数字龙华战略的提出实现了龙华由"产城人"要素到"人城产"要素的深刻转变。数字经济、数字城区和数字治理在数字龙华整体战略中具有不同定位，因此既需要阐述数字龙华战略总体目标，又需要明确各个领域的具体发展目标。

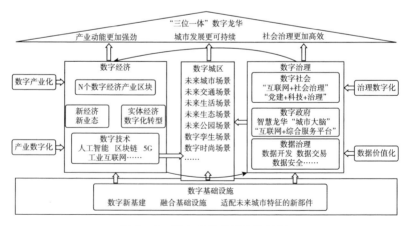

图 2-2 数字龙华发展总体目标

资料来源：作者绘制。

1. 数字龙华发展的总体目标

数字龙华坚持数字产业化、产业数字化、治理数字化、数据价值化的基本理念，形成数字经济、数字城区、数字治理"三位一体"的发展格局，实现全面推动产业动能更加强劲、城市发展更可持续、社会治理更加高效的数字龙华发展目标（见图 2-2）。数字龙华是龙华的全域数字化转型战略，其以数字技术赋能经济、城区、治理等各领域，以数据要素激发资本、管理、知识、技术等各类生产要素，进而推动龙华在政治、经济、文化、社会、生态等各方面取得长足进步，成为竞争力、创新力、影响力卓著的全球数字化标杆城区。数字龙华是数字中国战略在地方层面的贯彻落实，既实现了数字中国落地的目标，又为建设数字中国开辟了实践道路。

2. 数字经济发展目标：打造数字经济先行区

2020 年，龙华抢占数字化发展新赛道，在深圳市率先提出打造"数字经济先行区"，启动产业数字化转型和数字产业化征程。在龙华北部区域，聚焦细分领域打造数字经济圈。具体来说，以龙头企业为带动、专业化园区为支撑、区块化发展为路径的思路，围绕细分领域加快集聚发展，推进产业基础高级化、产业链现代化，打造占地 60 平方公里、产值超万亿元的数字经济圈。龙华数字经济的发展目标既要实现量的突破，又要实现质的改变。量的突破即在数字经济总量、数字核心产业增加值、产业集群产值等方面取得重大成绩。质的改变则是借助发展数字经济的契机，夯实龙华数字化转型发展的数字基础设施、人才、资金等各方面的基础，显著提升龙华的创新能力和水平。

3. 数字城区发展目标：打造未来城市试验区

从数字城区层面来看，数字龙华的发展目标是夯实龙华数字赋能底座，建设智慧龙华，打造未来城市试验区。数字城区建设是数字龙华战略的基础内容。推进数字城区是为发展数字经济、开展数字治理提供基础和应用场景，为打造全区互联互通、精准敏捷的感知智能体奠定基础。数字城区建设的具体目标可以概括为夯实基础，加强支撑，互联互通，全面应用。在基础设施层面，加快推进大数据、物联网、互联网、车联网、5G 等数字基础设施的建设，并加快基础设施的融合，在此基础上形成互联互通的各类数字中台，通过数字中台对全区进行有效管理，对各类基础设施和平台收集的数据信息加以运用和有效配置，推进数据要素的科学合理高效配置，加快数字应用，从而改善全区居民的生活质量，提高全区居民的数字幸福感。

4. 数字治理发展目标：打造智慧治理示范区

从数字治理层面来看，数字龙华的发展目标是建设互联互通的数字社会，打造智慧治理示范区，形成智能高效的数字政府以及高效务实的数据运用。龙华数字治理对不同的主体提出了不同的发展目标。对政府而言，实现政府"一网通办""一网统管""一网协同"的"三网融合"，实现政府治理的协同化、一体化、科学化、智能化、精准化和敏捷化；对于社会来说，实现全社会要素的数字化、可视化、立体化；就生产要素来说，要促进数据要素的自由流动、高效配置、价值认定、产权交易以及监督审计。龙华数字治理最直接的发展目标是提升城市治理水平和治理能力，从政府单一治理真正转向人人参与的共建共治共享的社会治理格局，建成具有龙华特色的数字社会治理共同体。

由此可见，数字龙华是龙华抢抓全球数字化发展机遇、贯彻落实数字中国战略、基于"双区"建设历史定位以及建立在自身数字化基础之上而做出的重大战略部署，旨在推动全区经济、城区和治理的全面数字化转型，进而最终实现龙华全域完成数字化转型和建成数字经济先行区、未来城市试验区和智慧治理示范区目标的重大战略。数字龙华是数字中国战略在基层的实践与映射，其数字经济、数字城区和数字治理等内容已经涵括了数字中国战略的数字经济、数字政府、数字社会、数字文化、数字生态等五大内容。

2.2 数字龙华的模式框架

龙华整体性推进数字化转型战略，实施全域数字化转型，确保最终实现数字龙华的战略蓝图。全域数字化转型既是数字龙华战略的显著特征，又是实现数字龙华的重要手段，还是数字龙华的发展愿景。本节的核心任务是回答什么是数字化转型、什么是全域数字化转型、二者之间有何联系与区别以及全域数字化转型和数字龙华的关系、龙华全域数字化转型的模式是什么。在"以人民为中心"发展思想和共建共治共享理念下，借助整体性治理理论、生态系统理论，结合龙华数字化转型实践，构建了"环境—主体—领域—机制—要素"的龙华全域数字化转型模式。

2.2.1 数字化转型的内涵

整体把握数字化转型的概念内涵，对于认识全域数字化转型具有重要作用。数字化转型最早源于商业领域，并逐步形成治理数字化转型、企业数字化转型、政府数字化转型、城市数字化转型等诸多概念，其内涵十分丰富。当然，不同的学者对数字化转型有着不同的认识。Verhoef 等（2021）将数字化转型界定为企业利用数字技术来开发新的数字商业模式，从而帮助企业创造和获取更多价值。Matt 等（2015）表示数字化转型策略是一种蓝图，它支持因数字技术整合而产生的企业管理转型以及企业在转型后的运营。Vial（2019）提出数字化转型是一个旨在通过信息、计算、通信和连接技术的组合触发对实体属性的重大变化来改善一个实体的过程。Demirkan 等（2016）认为数字化转型是商业活动、流程、能力和模式的深刻和加速转型，以充分利用数字化技术带来的变化和机遇，并以战略性和优先性的方式影响整个社会。国外关于数字化转型的定义多是从企业角度出发来界定的，并且均提到了数字化转型的作用对象。Magistretti 等（2021）认为数字化转型需要感知、抓住并将数字技术挑战重新配置为机遇，同时设计思维动态能力增强数字技术的价值，以实现更加以人为本的数字化转型。

国内学者方面，方跃（2019）认为数字化转型是客户驱动的企业战略性重构，其核心是利用数字化技术升级产业价值链，以达到提高客户体验、满足客户个性化需求、为客户创造更多价值的目的。陈劲等（2019）表示数字化转型是建立在数字化转换和数字化升级基础上进一步触及公司核心业务、以新建一种商业模式为目标的高层次转型。曾德麟等（2021）从起点、过程以及结果出发对数字化转型进行定义，指出数字化转型是以数字化技术、数字化产品和数字化平台的基础设施为支撑起点，进而引发的个人、组织、产业等多个层面的变革，这一过程对组织有不同程度的积极影响和消极影响。李载驰等（2021）从主体、转型领域、技术范畴和转型效果四个方面将数字化转型的概念总结和界定为：通过结合信息、计算、通信和连接技术，使转型主体的各方面属性（包括但不限于运营、产品、管理、商业模式、生产流程等）发生重大变化，从而达到改进主体目的的过程。翟云等（2021）则从宏观角度出发，对中国数字化转型战略进行了剖析，认为数字化转型是在信息技术应用不断创新和数据资源持续增长的双重叠加作用下经济、社会和政府的变革与重塑过程。

从上述定义中发现，数字化转型的典型定义大致可以划分为两类：一类偏重于从技术角度阐释数字化转型定义；另一类偏重从过程角度看待数字化转型定义，即数字技术如何促进企业转型并发挥影响。数字化转型的主体内涵为数字化转型均是建立在数字化技术或者平台基础上，数字技术或者数字平台作用的主体是现有组织、流程，进而变更企业、政府、社会创造价值的方式。

2.2.2　全域数字化转型的内涵

全域数字化转型包含数字化转型概念的基本要素。同时全域数字化转型又具有特殊性，必须考虑全域这一限定词。因而，我们将全域数字化转型界定为：建立在大数据、云计算、互联网、物联网、移动 5G 等数字技术及其形成的应用、平台基础上，基于整合、协调、信任等机制，发挥数据、知识、技术、管理等生产要素的作用，坚持"以人民为中心"发展思想，在共建共治共享的理念下，激发起全域的数字化转型认同和参与，引起包括企业、政府组织等在内的组织架构、管理流程、管理思维的再造与重塑，推动个人思想观念转变，是全区域内经济、政府、社会、文化、生态各领域全周期的数字化转型，是对经济社会发展、政府治理效能提升、公民幸福感提高等方面产生影响的过程。具体来说全域数字化转型具有以下八方面特征。

（1）与企业数字化转型一样，全域数字化转型的支撑是数字技术。企业数字化转型是为了回应数字技术、数字竞争和数字客户行为（Verhoef et al.，2021）。对应到全域数字化转型则是数字技术对区域内的生产生活方式、经济发展模式、政府管理模式等产生重大影响，同时各区域之间数字化转型存在竞争，数字化转型既是贯彻落实中央决策部署又是不同区域间进行角逐的重要内容，亦是满足数字时代区域内公民的需求而必须采取的措施。

（2）全域数字化转型的作用机制是整合、协调、信任。构建全域数字化转型需要借助一定的机制，本书认为整合机制、协调机制、信任机制有助于紧密联系全域数字化转型的各领域、各主体，有助于相互之间的衔接以及匹配。

（3）全域数字化转型是包括政府、企业、社会组织和公民个人在内的数字化转型的全面推进。对于政府来说，是管理模式、管理流程、管理思维等的数字化转型；对于企业来说，则是数字技术通过创造新产品、新服务和新业态重构产业的商业模式以及价值创造机制的转变（Tan et al.，2015；严子淳等，2021）；对于社会组织来说，则是参与模式和链接政府与公民个人方式的转变；对于个体来说，是思维模式、素养能力以及自我价值实现等方面的转变。

（4）全域数字化转型和全面数字化转型既有相同点又有不同点。相同点在于二者都是全面推进经济、政府和社会等领域的数字化转型。不同点在于全域数字化转型隶属于全面数字化转型，其是全面数字化转型的一种特殊实践，不过其更加强调经济、政府、社会、文化、生态等各领域数字化转型的协同推进和各领域之间的相互支撑。

（5）全域数字化转型强调各领域相互支撑。数字经济为数字城区、数字治理提供技术支持和物质基础，数字城区、数字治理为数字经济发展提供应用场景和广阔空间，经济数字化转型提供经济基础，生活数字化转型是落脚点，治理数字化转型提供良好服务，三者相辅相成、相互促进（顾丽梅和李欢欢，2022）；城市经济数字化转型是城市的发动机，城市治理数字化转型是城市的火车头，而城市生活数字化转型是城市的会客厅（陈水生，2022）。在全域数字化转型中，数字经济成为撬动其他领域数字化转型的关键。

（6）全域数字化转型是一个过程。与数字化转型一样，全域数字化转型也是一个过程，各个领域需要不断调整，彼此相互调配，从而实现彼此之间的合理匹配。在这过程中需要不断根据主体之间的交互以及外在环境的变化，及时进行调整，以防止对经济社会发展和公民个人产生负面影响。

（7）全域数字化转型的核心驱动要素是数据。数字时代，以数据、知识和数字技术为代表的生产要素正在不断重塑要素体系，不断融合要素，扩大生产要素对经济社会发展的影响。全域数字化转型需要大量的资金、人才、知识、技术作为支撑，而数据等生产要素的极大价值解决了这方面的需求，同时数据以其自身的特性为全域数字化转型的全面协同提供可能。

（8）全域数字化转型更加强调"以人民为中心"的发展思想和共建共治共享的理念。Magistretti 等（2021）强调实现以人为本的数字化转型，企业需要确保数字化转型过程和结果服务员工和消费者。全域数字化转型相对企业数字化转型来说更是一项系统、立体的庞大工程，而实现全域数字化转型的关键在于激发全域内所有主体的数字化转型认同和数字化转型参与，只有所有主体自发、自觉地参与到数字化转型中，才能最终实现全域数字化转型的目标，也只有这样才能确保每一个主体真正享受到数字化转型的红利。

为更全面了解全域数字化转型与数字化转型的联系与区别，我们从起点、主体、类型、关键、结果和准则等维度出发，探析二者之间的异同（见表 2－1）。全域数字化转型与数字化转型都是以新一代数字技术为起点；数字化转型多以企业为研究主体，全域数字化转型多以某一行政区域作为场域；企业数字化转型中多强调产品、服务、流程、模式等领域的数字化转型，而全域数字化转型从宏观上说是经济、政府、社会、文化、生态等类型的数字化转型；数字化转型的关键是全面协同，即强调管理思维、制度、组织模式要与数字技术相互契合，彼此之间相互协调，全域数字化转型与之相同，其关键仍是全面整体协同，只不过其更加强调区域内数字经济、数字政府、数字社会和数字生态的协调配合，更简单来说就是打造全面、整体、协同的数字化转型生态；最后数字化转型是改变自身创造价值方式，占据市场竞争优势，而全域数字化转型则是某一区域内生产生活方式、经济发展模式、政府管理模式、数字化转型生态和个人生活方式的全面重塑。

表 2 - 1　　数字化转型与全域数字化转型概念辨析

维度	数字化转型	全域数字化转型
起点	新一代数字技术	新一代数字技术
主体	多为企业	某一行政区域
类型	产品、服务、流程、模式、组织、思维等	经济、政府、社会、文化、生态等
关键	全面协同	全面整体协同，即各个类型的数字化转型相互配合与支撑
结果	改变自身创造价值方式，占据市场竞争优势	生产生活方式、经济发展模式、政府管理模式、数字化转型生态、个人生活方式的全面重塑
准则	以人为本	以人民为中心，共建共治共享

资料来源：作者整理。

2.2.3　全域数字化转型与数字龙华的关系

本节分析重点在于提炼数字龙华发展的模式框架，我们将全域数字化转型作为数字龙华发展的模式框架，必然需要剖析全域数字化转型和数字龙华二者之间的关系，分析数字龙华的特点，从而更好地认识全域数字化转型的特点、模式。

数字龙华是龙华顺应数字化发展趋势、贯彻落实数字化顶层战略以及契合自身发展基础而提出的全区域数字化战略，回答了龙华数字化转型转向什么、怎么转以及哪些方面转的问题。转向什么即擘画了龙华数字化转型的蓝图，最终形成数字经济先行区、未来城市试验区和智慧治理示范区的发展目标；怎么转即确定了龙华数字化转型的路径，全域数字化转型是最主要的路径与手段；哪些方面转即确定了经济、城区和治理的数字化转型。数字龙华发展的不同阶段均强调数字经济、数字城区和数字治理三方面内容，贯穿数字龙华的全周期，即在建设内容、建设手段和建设目标方面均强调三者的整体性推进，所以数字龙华的最显著特征即数字经济、数字城区和数字治理的整体协调推进，本书将这种模式称为全域数字化转型。

全域数字化转型是实现数字龙华的手段。数字龙华为最终实现全面推动产业动能更加强劲、城市发展更可持续、社会治理更加高效的发展目标而服务，实现这一目标，坚持全域数字化转型是关键。全域数字化转型首先以数字技术和数据要素赋能各领域，推动政治、经济、文化、社会、生态等各方面取得长足进步；其次，以数字技术和数据要素融合资本、管理、知识、技术等各类生产要素，进一步挖掘各类要素助推经济社会发展的潜力；最后，通过全域数字化转型打通区、街道、社区之间的纵向阻隔，打通区域、部门、业务之间的横向阻隔，同时打通政府、市场、社会等不同场域之间的阻隔，进而实现统一指挥、统筹协调，以及各类公共数据平台和数据系统的一体化、智能化融合（徐家林和赵成斐，2022）。由此可见，全域数字化转型是实现条块以及政府、市场和社会数字一体化、智能化的重要手段，是推动数字经济、数字城区和数字治理实现既定发展目标的重要途径。

　　全域数字化转型是数字龙华的典型特征。数字龙华战略不同于以往以及其他地方数字化转型模式，其从最初的部署便十分注重全域数字化转型。以往各地在推进数字化时往往只注重数字经济、数字政府或者数字社会中某一方面，或者对于彼此之间的协调联动关注度不高，例如在推进数字城区建设时，部分地区采用清单式建设，容易造成碎片化问题。数字龙华"三位一体"整体推进数字经济、数字城区、数字治理建设，注重强调三者的协调联动与相互配合，所以全域数字化转型是数字龙华相较于其他地区、部门数字化转型战略最为显著的特征。

　　全域数字化转型是数字龙华的发展愿景。全域数字化转型不仅规划龙华各个具体领域数字化转型目标，还强调了各领域彼此间应该达到何种应然状态。在全域数字化转型的指引下，数字龙华最终将会实现数字经济的发展，为数字城区建设带来人才、资金、技术；数字城区的建设将为数字经济尤其是企业数字化提供场景支撑，同时也为公民享受数字红利提供保证；数字治理的推进，将建设有为、有效与敏捷的数字政府，为数字经济和数字城区的建设发展提供指导，特别是数据治理体系的建设与完善、数据要素的确权以及数据标准体系的建设，将为业务部门、业务与技术之间、统计指标之间统一认识与口径①，数据治理是实现数据驱动的根本前提，有效数据治理将极大促进企业数字化转型、数据价值化和数字经济的发展。全域数字化转型是数字龙华的发展蓝图，其应然状态是在最终实现数字经济先行区、未来城市试验

---

① 《数据治理：数据标准体系建设的重要性》，中国发展网，（2022 - 07 - 01）[2022 - 07 - 03]，https：//mbd. baidu. com/newspage/data/landingsuper? rs = 1690891141&ruk = － fmzX0u0XuwAz9SQaWQr － A&sShare = 1&isBdboxFrom = 1&pageType = 1&urlext = % 7B% 22cuid% 22% 3A% 220a2wi0ie － i_ Wi － fog8 － 3ujaiSt0ouvaCgiB3iYaR2fKo0qqSB% 22% 7D&context = % 7B% 22nid% 22% 3A% 22news_9393623363559930281% 22，% 22sourceFrom% 22% 3A% 22bjh% 22% 7D.

区以及智慧治理示范区的建设目标时，搭建起彼此之间相互沟通、支撑、促进的有效机制。

2.2.4　龙华全域数字化转型模式构建

全域数字化转型是为了解决当前或者说长期以来，各部门自行推进数字化产生的弊端。各部门处于不同的"条块"上，产生了目前各部门系统和业务上的"数据孤岛"等困境，同时政府、市场与社会之间也存在严重的信息不对称问题，全域数字化转型旨在破解这一困境，而这又与我们所熟知的整体性治理理论不谋而合。整体性治理理论是建立在 20 世纪 80 年代到 90 年代新公共管理范式的衰微和数字时代的到来基础上（竺乾威，2008），回应管理主体间职能分割、协调缺乏而产生的治理碎片化问题，将公共问题的解决视为治理的逻辑起点，强调治理主体的功能再造与合作性整合（陈秀红，2021）。整体性治理既不同于传统行政管理的权威范式，又不同于新公共管理范式的价格机制，主要依靠协调机制、整合机制和信任机制（胡象明和唐波勇，2010）。整体性治理涉及政策、管制、服务提供及监督等关键性活动，这些活动的整体性运作要求在相同或者不同层级的治理整合、公共部门内整合或者政府部门与志愿组织或私人公司之间整合等三个层面取得一贯性（竺乾威，2008）。

数字化转型生态目前越来越受到政界和学界关注，当然这并不是意指自然界的生态环境，而是指有助于数字化转型的政策、法规、资源、数字素养等一系列影响数字化转型条件的总和。生态系统的概念起源于自然科学领域，用于形容生物科学中各种生物群落与非生物自然因素之间的相互关系及其所构成的各种系统整体（祝智庭和胡姣，2022）。美国商务部最早将生态学引入互联网研究，并提出了互联网生态的概念，国内于 2007 年将生态学用于网络治理研究，指出网络生态系统是由网络主体、网络信息、网络技术、网络基础设施、网络政策法规和网络文化等方面构成的系统（张晓，2021）。更进一步，当前学界对数字生态系统亦开展研究，认为数字生态系统是由数字要素、数字要素的提供者和使用者等异质性数字主体及其复杂关系构成的复杂适应系统，能够通过数字主体之间的交互提升系统效能、促进信息分享、增进主体内和主体间的合作以及系统创新（张超等，2021）。这些观点为数字化转型生态研究提供了很好的视角。

习近平总书记提出的"人民城市人民建，人民城市为人民"概述了人民城市建设的主体、动力以及目的，人民性是人民城市的重要属性，以人民为中心和共建共治共享是重要的指导原则。早在智慧城市的概念内涵中，便有学者提出，智慧城市是在数字科技不断渗透的背景下，针对经济社会的现实需求，以全心全意为人民服务为核心，提出的一种对智慧城市概念的中国化表述，充分体现出富有中国特色的城市发展理念（温雅婷和余江，2022）。龙华全域数字化转型亦是如此，其核心是坚持以人民为中心和共建共治共享，亦是体现中国特色的城市数字化转型的学术表达。由此，"以人民为中心"的发展思想和共建共治共享理念成为我们剖析全域数字化转型的第三个重要视角，或者说人民性是全域数字化转型的重要属性。

综上，本书在整体性治理理论、生态系统理论以及"以人民为中心"发展思想和共建共治共享理念基础上，在龙华具体的数字化转型实践中，通过生态系统所强调的主体交互、环境影响、整体性治理理论强调的主体和机制，以及全域数字化转型自身的特点搭建"环境—主体—领域—机制—要素"的模型框架，如图2-3所示。全域数字化转型是政府在综合考虑区域内的环境因素而作出的一种有关区域内经济、城区和治理数字化转型的整体规划，并且通过协调、整合、信任等机制，发挥数据、知识、技术、管理等生产要素，坚持"以人民为中心"发展思想，在共建共治共享的理念下，将包括政府、企业、社会组织以及公民个体在内的有关主体联结起来，激发全体公民的数字化转型认同和参与，从而实现本区域内数字化转型的目标。

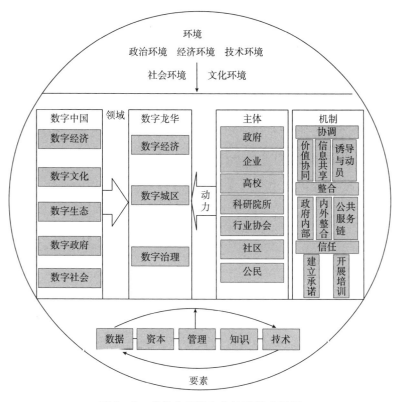

图 2-3　龙华全域数字化转型模式框架

资料来源：作者绘制。

1. 环境维度

全域数字化转型的环境包括政治环境、经济环境、技术环境、社会环境和文化环境（郑磊，2015）。政治环境包括政策规划、法律法规。自 2015 年习近平总书记在第二届世界互联网大会首提数字中国以来，我国陆续出台了相关的各类政策文件，颁布了数字经济、数字政府等建设意见，为我国数字化转型提供了顶层设计与支撑。在法律法规方面，我国出台的《民法典》《网络安全法》《个人信息保护法》等法律对数据侵害个人隐私等做出规定，保障了公民合法权益。在经济环境方面，我国数字经济取得飞速发展，2020年国内数字经济规模达到39.2万亿元，占国内生产总值比重为38.6%，数字经济对农业、工业和服务业的渗透率分别达到8.9%、21.0%和40.7%，数字经济已经成为我国经济发展新常态的重要部分①。在技术环境方面，我国成为全球首个基于独立组网模式规模建设5G网络的国家，光纤用户占比由2012年的不到10%提升至2021年的94.3%，建成全球最大的移动宽带和光纤网络②。在社会环境和文化环境方面，截至2022年5月，我国接受高等教育的人口达到2.4亿人，新增劳动力平均受教育年限达到13.8年③，劳动力素质结构发生了重大变化，全民族素质得到了稳步提高，这是推动数字化转型巨大的人力资源。总体来看，我国目前营造了良好的数字化转型环境。

龙华推进全域数字化转型的环境条件已经成熟，国家、广东、深圳层面已经提出数字化转型的宏观战略，同时自身也已具备推进全域数字化转型的坚实基础。在开展全域数字化转型前，龙华在数字经济产业规模、数字生态、智慧城市建设、数字技术人才以及数字基础设施等方面取得长足发展。龙华数字经济核心产业

①　资料来源于中国信息通信研究院发布的《2021年中国数字经济发展白皮书》。
②　《我国建成全球最大的移动宽带和光纤网络》，中国政府网（2022-05-17）[2022-05-26]，http://www.gov.cn/shuju/2022-05/17/content_5690899.htm。
③　闫伊乔：《我国接受高等教育人口达2.4亿》，《人民日报海外版》2022年5月18日，第1版。

产出 2018 年为 4126.7 亿元，2021 年这一数值增长到 4668 亿元，核心产业对经济增长的贡献率超过 50%，成为经济发展的新动力与主引擎①。

2. 主体维度

全域数字化转型的主体涉及政府、企业、高校、科研院所、行业协会、社区以及公民个人等。龙华区政府积极做好全域数字化转型主导者角色以及保障角色，通过出台系列政策，明晰数字化发展方向，与此同时配套出台相关专项政策，从而保证数字经济、数字城区和数字治理顺利推进。企业积极探索开展数字化转型的路径，2021 年辖区 1.8 万家制造型企业转型发展意愿强烈。对于社会组织来说，包括电子科技大学（深圳）高等研究院在内的研究机构积极服务全域数字化转型，攻关数字经济领域的关键核心技术。龙华通过建立基层治理学院，持续开展数字龙华大轮训，全面涵养党员干部、企业家和社会各界的数字素养，进一步凝聚数字化发展的共识，夯实数字发展的社会基础。对于公民个体而言，龙华区以党建智慧平台为技术支撑，整合党建、政务、城管等各类平台，开发"i 社区码上办"智慧服务平台和城市管家等平台和软件，推动基层社会智慧治理，通过议事会、共享会、参事会，发挥了党员干部、社区居民专家等各类角色的作用，形成了"党建 + 科技 + 治理"的基层社会治理模式，成为数字治理模式的一大亮点，充分体现了全域数字化转型的人民性特点。

由此，在全域数字化转型视阈下必须从两个方面看待主体：一是单个主体在数字化转型中的作用和角色；二是主体之间的交互。就政府而言，其在全域数字化转型中扮演着主导者、政策制

---

① 《深圳龙华：全域数字化转型新路径》（2022 - 01 - 14）［2022 - 05 - 26］，https：//baijiahao. baidu. com/s？ id = 1721923386074434974&wfr = spider&for = pc。。

定者、数字政府践行者的角色；对于企业而言，其扮演着加快数字技术研发、产业转型升级等角色；对于高校、科研院所、行业协会等社会组织来说，其承担着数字技术研发、推进自身数字技术使用和数字化转型的角色；对公民个体来说，其扮演着数字化转型参与者以及数字红利享受者的角色。在主体交互层面，政府需要通过政策、资金、数据等将企业、社会组织以及个人联结起来，各类主体彼此之间通过数据以及共同目标实现全域数字化转型的合力。当然更为重要的是激发起区域内全体公民的数字化转型认同和参与。

3. 领域维度

领域，顾名思义就是从宏观层面来说全域数字化转型涉及哪些领域。从数字中国战略来说，数字化转型涉及数字经济、数字政府、数字社会、数字文化、数字生态等内容；从上海等地的数字化转型实践来看，涉及经济、生活和治理数字化转型；龙华全域数字化转型涉及经济、城区和治理数字化转型三个领域。从顶层战略以及各地实践来看，数字经济、数字政府、数字治理或者数字生态是数字化转型主要领域。由于全域数字化转型是区域内数字化转型的整体联动，所以需要保证城区实现数字化转型，而城区的数字化转型又与市民的生活息息相关，其相当于数字生活，同时推进全城区的数字化转型亦相当于营造一种良好的数字化转型生态；对于数字治理而言，治理包含的主体是政府和社会以及治理的对象数据要素市场等，其相当于数字政府、数字社会和数字治理的综合。所以本书选择数字经济、数字城区和数字治理作为全域数字化转型的主要领域。

4. 机制维度

机制在全域数字化转型中至关重要，良好、畅通的机制是将环境、主体、领域等不同要素串联并发挥作用的保障。龙华积极利用协调、整合、信任机制推进全域数字化转型。

协调机制主要包括价值协同的协调机制、信息共享的协调机制、诱导与动员的协调机制（胡象明和唐波勇，2010）。龙华以打造数字经济先行区、未来城市试验区以及智慧治理示范区为目标指引，在数字经济发展、数字城区建设和数字治理推进上出台了一系列政策，建立了价值协同的协调机制，统合龙华政府、市场、社会、公民力量，追求全域数字化转型目标。通过"城市大脑"的全面运用以及打造数据要素市场化示范区等建立全区信息共享协调机制。通过基层社会治理学院、"数字龙华、都市核心"专班誓师大会、"数字龙华"专题研修班等充分动员与提升党员干部参与龙华全域数字化转型的热情与能力，建立了诱导与动员的协调机制。

在整合机制上，首先，在政府内部成立的"区—街道—社区"三级数字治理智慧中心无缝对接城管、安监、网格等部门 31个业务系统，推动政府部门内各业务部门的网络合作①。其次，积极推动"党建＋科技＋治理"多元共治模式，从而拓宽了政府内部与政府外部之间的合作。例如。"i 社区码上办"智慧服务平台为社区居民反映诉求、建言献策提供渠道，也为政府从公共价值出发提供服务与保障，试点推行城市管家，完善党建引领基层治理平台功能，推行城中村治理"六治"模式，探索联合物业等专业机构协同共治；此外，将科技作为治理的重要主体，其推出智能运算能力平台和视频共享平台，利用智能运算能力平台提供场景预警，以 AI 赋能快速响应城市治理问题，对全区算力资源、算

---

① 《数字赋能城市治理 全面打造智慧治理示范区》，深圳新闻网（2022 - 03 - 03）［2022 - 04 - 12］，http：//ilonghua. sznews. com/content/2022 - 03/03/content_24967488. htm。

法及数据进行统一调度和统一监控①。再次，《深圳市龙华区数字政府"一网统管"实施方案》中提出"推行构建横向到边、纵向到底、全闭环的数字化'一网统管'治理模式"，"充分调动各方力量参与社会治理的积极性、主动性、创造性，激励社会组织、企业、公众多样化、多渠道、多层次参与社会治理，构建政府、企业、市民等社会多方共同参与、共建共享共治的发展格局"。最后，推进公共服务链的整合。龙华在"十四五"规划数字城区建设中提到的"丰富人性化的未来城市体验"提出，"构建'城市—片区—社区'三级公共服务中心体系，以轨道、河道、绿道、公共服务带组成复合公共服务链，打造'趣而美'公共空间"。

在信任机制上，龙华"十四五"规划提出数字经济、数字城区以及数字治理发展目标就是龙华区政府向区内企业、公众树立的承诺，其在数字经济部分提到的"培育信息化解决方案供应商、数字经济创新共享服务联合体"就是在培育既具有合法性还能接触组织信息资源和沟通渠道的"新领导人和英雄"，开展的相关培训以及完善数据治理体系等均是建立信任机制的体现。

当然，为了便于分析，将协调、整合、信任三种推进全域数字化转型的机制分开阐述，但是在实践中三种机制往往交织在一起共同发挥作用，同时机制串联了全域数字化转型的各类主体以及各个领域，是全域数字化转型的重点。

5. 要素维度

龙华积极利用包括数据要素在内的各种生产要素推动全域数

---

① 《数字赋能城市治理 全面打造智慧治理示范区》，深圳新闻网（2022 - 03 - 03）[2022 - 04 - 12]，http：//ilonghua. sznews. com/content/2022 - 03/03/content_24967488. htm。

字化转型。数据是新型智慧城市建设中重要的生产要素和生产工具，可利用数字孪生、生态聚合等方式使其充分释放自身价值，推动城市治理的精准化和可预见性（温雅婷和余江，2022）。数据要素对生产的投入具有协同性，要求数据必须和其他生产要素协同，共同完成生产任务，从而推动经济发展；数据要素还具有蕴藏着其他生产要素的意义，某种程度上可以减少其他生产要素的投入，降低生产要素投入的总成本；同时由于数据和信息技术具有依赖性，数据、处理数据的技术和方法以及数据处理产生的信息和知识统称为数据要素（赵刚，2021）。我们认为在当前数字化转型的大背景下，尤其是数据从依附性资源到主导性和基础性资源转变过程中，数据已经成为一种重要的治理资源。鉴于数据的流动性以及数据巨大的价值，数据形成了一个联系现实而又独立于现实的虚拟世界，是现实世界各种社会事实的可视化、全景化、符号化再现，成为各类主体脱域性互动的表现，又加上数据具有巨大的价值，对政府、企业、社会组织以及公民个体均具有利益，是促成各主体开展合作的基础，因此，其早已脱离了本身的内涵，成为一种资源、技术、手段、模式，对加强协调、整合、信任亦具有重要作用。

龙华积极推进数据治理体系和数据要素市场化建设，通过加大智慧龙华"城市大脑"力度，打通数据壁垒，推动政府各部门及水电气等企业数据共享。打造城市智能中枢，加快地上、地下、空间全要素数据采集和经济大数据收集，建成全时空信息化平台和经济大脑，提升监管、预测、决策科学性；建立政府公共数据资源管理体系、目录体系和数据安全体系；先行先试培育数据驱动、跨界融合、共创共享、公平竞争的数据要素市场，探索政企数据融通利用机制，促进数据要素在产业链上下游充分流通和深度融合。这些举措将极大推动数据对全域数字化转型的推动与支撑作用，同时也将推动资本、管理等要素进一步发挥作用。本节这里重点论述数据对全域数字化转型的支撑作用，而对于资本、管理、知识、技术等其他生产要素便不再赘述。

2.2.5　龙华全域数字化转型实施路径

龙华在推进全域数字化转型、建设数字龙华过程之中，逐步探索走出一条"场景驱动、技术支撑、资本投入、政策支持"的实施路径，全面构筑了实现数字龙华发展目标的保障，见图 2 - 4。

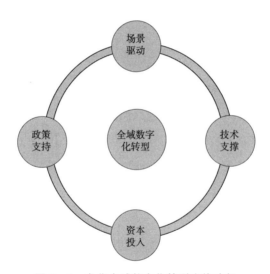

图 2 - 4　龙华全域数字化转型实施路径

资料来源：作者自制。

（1）场景驱动。龙华在推进全域数字化转型过程中特别注重场景驱动，而这也是与以业务为驱动的信息化区别所在，场景驱动在数字城区建设中尤为明显。2021 年，龙华基于"聚焦高质量发展高地的定位、法治城市示范的定位、城市文明典范的定位、民生幸福标杆的定位、可持续发展先锋的定位"推出八个主体化

组团式应用场景①，发布包括"城市规建管运一体化场景"等 24
项未来城市场景试验清单②。场景驱动数字化转型与业务清单式的
数字化转型建设相比，其更加系统、整体，更加全方位、全周期
地考虑相关技术框架的搭建与部署，而业务清单式数字化转型建
设，以具体业务为导向，在具体建设过程中可能会产生碎片化等
问题。例如在深圳北站社区开展的"城市规建管运一体化管理场
景"，其在具体开展建设时便需要统筹各部门、建设各系统以及城
市运行的各生命阶段③。

（2）技术支撑。龙华全域数字化转型过程中特别重视数字技
术的使用与嵌入。《深圳市龙华区数字经济发展研究报告（2021
年）》显示：在推进数字经济建设时，龙华加快技术研发与产品
创新，截至 2020 年底，龙华区国家高新技术企业共 2734 家，
2019 年和 2020 年数字经济核心产业规上企业的专利申请数量增速
分别高达 60.8% 和 39.1%。同样在推进数字城区和数字治理建设
中，龙华重视技术研发与布局。例如在数字城区中全域推广 BIM
技术应用，优化完善数字孪生城市平台、大数据平台、物联感知
平台及智能运算能力平台等数据平台。此外，由于 5G 作为新基建
的"压舱石"，对发展数字经济、开展数字治理至关重要，2020
年龙华区比预期时间提前 2 个月完成全区 6021 个 5G 基站建设任

---

① 《预见未来！龙华区全域开展未来城市场景试验》，搜狐网（2021 - 02 - 04）
　　［2022 - 03 - 26］，https：//www. sohu. com/a/448741788_487443。
② 《未来，已来！龙华区 24 项未来城市场景试验清单发布》，深圳新闻网（2021 -
　　08 - 20）［2022 - 03 - 26］，http：//www. sznews. com/news/content/2021 - 08/
　　20/content_24500115. htm。
③ 《未来，已来！龙华区 24 项未来城市场景试验清单发布》，深圳新闻网（2021 -
　　08 - 20）［2022 - 03 - 26］，http：//www. sznews. com/news/content/2021 - 08/
　　20/content_24500115. htm。

务，实现 5G 信号全覆盖①。

（3）资本投入。资本投入则表明了政府对推进数字化转型的重视与决心。数据显示："数字龙华"战略实施以来，龙华区研发投入水平得到进一步提升，全社会研发支出从 2019 年的 73.73 亿元增至 2020 年的 102.20 亿元，增长 38.61%，为全市的 2.8 倍；研发投入强度由 2.94% 提升至 4.1%，增长近 40%，为全市的 3.7 倍②。此外，龙华区研究设立了首批 50 亿元的数字经济专项母基金，通过资本和产业双轮驱动，提升数字经济发展的活力。

（4）政策支持。自提出数字龙华战略以来，龙华便出台一揽子的促进全域数字化转型相关政策，例如"1 + N + S"的数字经济政策体系涵盖 10 余个产业领域、20 多个政策、超 30 亿元预算③。在数字城区和数字治理建设中也分别出台了统领性的纲领政策，分别为《龙华区数字城区建设三年行动方案（2022—2024年）》《龙华区数字治理三年行动计划（2022—2024 年）》。此外，还有《"智慧龙华"和"数字政府"第十四个五年规划》等系列文件，共同构成了龙华全域数字化转型的政策体系，同时也凸显了对数字龙华战略的政策支持。

"场景驱动、技术支撑、资本投入、政策支持"是龙华在推动自身全域数字化转型过程中探索得到的一条有效路径，这一路径可能为其他地区推进数字化转型提供经验借鉴，也必将在龙华进一步的数字化转型实践中不断丰富完善。

---

① 《龙华区 6021 个 5G 基站全开通》，龙华政府在线（2020 - 06 - 29）［2022 - 03 - 28］，http：//www.szlhq.gov.cn/xxgk/xwzx/gzdt/content/post_7828522.html。
② 《数字龙华：为数字时代城市转型探路》，龙华政府在线（2022 - 03 - 09）［2022 - 09 - 05］，http：//www.szlhq.gov.cn/lhqrmzfbgswzlhzfzxgkml/lhqrmzfbgswzlhzfzxgkml/qt/zsyz/tzdt/content/post_9800462.html。
③ 《龙华区 6021 个 5G 基站全开通》，龙华政府在线（2020 - 06 - 29）［2022 - 03 - 28］，http：//www.szlhq.gov.cn/xxgk/xwzx/gzdt/content/post_7828522.html。

2.3　数字龙华对数字中国的支撑作用

数字中国战略作为推进数字化的国家战略，是一种战略构想和远景目标，是指导各地开展数字化转型实践的根本指引。数字龙华是数字中国战略落地我国城区的直接体现。积极推进形成数字经济、数字城区、数字治理"三位一体"的数字龙华模式，将有助于塑造数字时代我国城市数字化转型新样板。数字龙华既是贯彻数字中国的政策实践，也是我国城区全域数字化转型的探索尝试，更为数字中国建设提供样板经验，是数字中国战略的有机组成部分。

1. 数字龙华是数字中国战略在基层的贯彻落实

虽然早在 21 世纪初，我国众多地区陆续开展数字化转型发展实践，例如数字福建、数字北京、数字湖南、数字吉林、数字江苏等，但这些实践并非数字中国上升为国家战略后的地方实践。在数字化上升为国家战略后，明确推进数字化转型才能确保数字中国绘制的美好蓝图顺利实现，因此需要落地试验。目前国家层面推出新型智慧城市、数字乡村等数字化、智慧化战略后，各省级行政区相继推出数字化转型战略，各单位、各部门也推出本单位、本部门的数字化战略，这些都是对数字中国战略的贯彻落实。与省级层面的数字化转型战略相比，数字龙华是城区层面的尝试，是国家战略在基层的实践；与部门、单位数字化相比，数字龙华更为全面系统。数字龙华是数字中国战略在我国城区层面的映射，是从数字中国美好蓝图的擘画到城区层面的具体绘制，是数字中国战略在基层的落地生根。数字龙华对丰富、完善、推动数字中国战略具有重要意义，亦对形成独具中国特色的数字化理论具有重要启发。

2. 数字龙华战略启发了独具中国特色的数字化理论

推进数字中国建设，一方面是抓住全球数字化发展大势，推动经济社会高质量发展，为我国可持续发展增添新动能；另一方面也是为我国人民群众跳出数字鸿沟、共享数字红利奠定基础。因此，建设数字中国需要秉承以人民为中心的发展思想和共建共治共享的理念。与此同时，《国家"十四五"时期哲学社会科学发展规划》（以下简称《规划》）要求"坚持以中国传统、中国实践、中国问题作为学术话语建构的出发点和落脚点，提炼出具有中国特色、世界影响的标识性学术概念，加快中国学术走出去步伐，深化人文交流，在博采众长中形成中国学术的大视野、大格局"。数字中国就是独具中国特色的数字化实践，建设数字中国过程中需要以《规划》为要求，注重提炼具有中国特色的标示性数字化概念。所以数字龙华战略在具体推进过程中，为了确保数字赋能、数据要素流动与交易、数字治理能力的提升，开始了诸多尝试，形成了数据要素市场探索、"党建＋科技＋治理"模式等实践，这些都是极具中国特色的实践。数字龙华的实践既需要从政策角度评估可行性、适用性，也需要从学术角度凝练丰富理论，从而形成中国特色的数字化理论，以便更好地指导实践，在数字龙华中已经形成了整体性治理理论在数字化环境下的拓展。

3. 数字龙华为数字中国带来样板示范效应

龙华区由于其所处的位置和深圳所赋予的功能定位，决定了其在推进数字龙华战略过程中将具有样板示范效应。数字经济先行区、大湾区现代化国际化创新型中轴新城等定位决定了龙华区需要不断开拓，实现全域数字化的领跑。加之深圳市是党和国家确定的建设中国特色社会主义先行示范区，要比国家层面提前15年实现社会主义现代化，这就必然要求龙华区在数字化方面走在全国城市的前列，与此同时，还要形成可供借鉴推广的数字龙华经验。进一步看，深圳市位于粤港澳大湾区，是连接香港与内地的前沿，是中国对外交流的窗口，这为数字龙华发展形成国际视野、利用国际资源创造了得天独厚的条件，而这也将成为推动数字龙华不断发展的重要原因，为全国其他城区推进数字化带来示范效应。总之，数字龙华建设将为数字中国战略推进过程中各地数字化提供参考和示范。

4. 数字龙华为数字中国探索要素集聚模式

龙华具有吸引海内外产业、资金、技术、人才等要素的独特优势。在资本要素上，龙华加快推动徽商银行、国信资本、大湾区金融研究院等机构平台落地，尤其是与国信证券达成全面战略合作，依托国信证券资源优势，共同设立数字经济产业母基金，助力龙华区金融业发展、服务实体产业。在人才要素上，2021 年10 月，龙华正式通过最新 "1 + 10" 人才政策体系（即 1 个指导性实施意见、10 个专项政策文件），在深圳市率先出台了数字经济专项人才政策，形成 "产业 + 人才" 相辅相成的格局。上述举措在为数字龙华聚集资金、人力等发展要素的同时，也在为数字中国建设探索数字要素集聚模式。

CHAPTER 3

龙华的数字
经济发展

龙华在产业数字化引领型的数字经济发展模式下，走出了一条智造为本、双向赋能、样板示范、要素聚集的数字经济发展路径，形成了技术先行、产业共创、生态共赢三大龙华特色。通过重视规划引领、加快平台赋能、突出样板示范、强化要素保障等措施，龙华数字经济已成为推动经济发展的主引擎，数字经济产业集群效应凸显，传统企业数字化转型成效明显，数字经济人才与产业同频共振。

3.1　数字经济发展的龙华模式、路径与特色

　　2017 年，深圳市龙华区正式建立，经历了 5 年"新区"时代发展的龙华区继续秉承"新"区建设思想，引入新思路，运用新技术，在数字中国建设的潮流中生逢其时，在深圳市建设全球数字先锋城市的目标下重任在肩。5 年间，年轻的龙华区积极发展数字经济，以产业数字化为主导，在发展路径上着重强调智造为本、双向赋能、样板示范、要素聚集，有着技术先行、产业共创、生态共赢三大龙华特色（见图 3 - 1）。

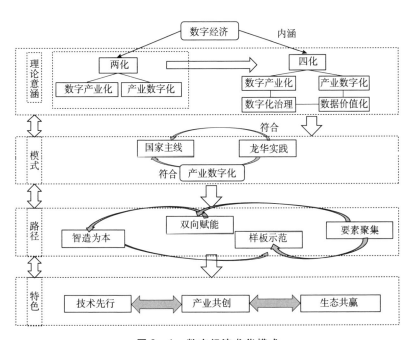

图 3 - 1　数字经济龙华模式

3.1.1   数字经济发展的龙华模式

根据 G20 杭州峰会上《二十国集团数字经济发展与合作倡议》的定义，数字经济是指以数字化的知识和信息作为关键生产要素、以现代信息网络作为重要载体、以信息通信技术的有效使用作为效率提升和经济结构优化的重要推动力的一系列经济活动。[①] 这一概念指出数字经济的根本依托是信息通信技术的发展，叙述了数字化知识信息在数字经济中的生产力贡献，阐释了数字经济的最终目的是效率提升和经济结构优化，强调了数字经济是一个连锁反应。

中国信息通信研究院对于数字经济内涵的定义从最开始的数字产业化和产业数字化两部分的内容，到 2020 年拓展为数字产业化、产业数字化、数字化治理、数据价值化四部分内容。[②] 新概念强调了数字经济从生产要素到生产力再到生产关系整个变革动力链的完整形态，认为数字产业化、产业数字化为生产力进步提供变革的力量，数字化治理主要作用于生产关系，引领变革，数据价值化则重构着生产要素体系，提出数字经济发展是生产力和生产关系的辩证统一。数字产业化和产业数字化形成新兴产业，改造传统产业，贡献生产力来源，数字化治理为数字经济的发展提供政策环境保障，改善生产关系，数据价值化是指数据作为新的生产要素与技术、土地共同发挥作用，构成新的发展函数，形成新的生产要素体系。

在助推数字经济做大做强的过程中，龙华选择了产业数字化

---

① 《二十国集团数字经济发展与合作倡议》，（2016 – 09 – 29）［2022 – 08 – 12］，http://www. cacgovcn/2016 – 09/29/c_1119648520. htm。
② 中国信息通信研究院：《中国数字经济发展白皮书（2020 年）》，（2020 – 11 – 17）［2022 – 07 – 18］，https：//gxt. henan. gov. cn/2020/11 – 17/1891577. html。

引领型的数字经济发展模式。产业数字化是用数字化手段对产业进行升级，变革旧有的生产方式，提升产量和效率，实际上就是数字化效率提升。由于信息技术的通用性和数据的泛在性，产业数字化的辐射面广阔，信息技术能够实现对制造业、服务业全流程的影响，而数据则存在于经济活动的各个角落，充分的数据挖掘与利用能够产生巨大的价值反馈并提升效率。产业数字化能够将数字化手段与广阔的经济市场结合起来，赋予产业新的活力、提供广阔的动力、激发原有产业深厚的潜力，从而实现数字经济与实体经济深度融合，推动整体经济发展。已有研究表明，产业数字化有利于产业创新模式的改革、创新能力的增强、生产效率的提升（张龙鹏和汤志伟，2018；张龙鹏和周笛，2020）。

龙华是产业大区，拥有数量众多的工业企业、雄厚的产业基础、完备的产业链条（见表 3－1）。龙华制造业的优势，为产业数字化提供了广阔的空间，使得产业数字化成为龙华数字经济发展模式的最优选择。龙华运用数字化理念和数字技术对已有产业进行了充分改造，发挥了企业数字化转型升级的重要作用，使已有产业焕发出新的发展动能。在产业数字化主导的模式下，龙华主要体现出"产业精准数字化"和"全面产业数字化"两个特点。首先，精准施策，准确找到接入点，引导企业为生产经营难题找到数字化解决办法，在具体的转型上避免大水漫灌式的瞎改、乱改，而是选择精准指导，尝试有重点、有步骤地推动企业数字化转型。其次，在制造业、商业、贸易、文化创意等各个产业找到数字化接口。

龙华数字经济发展模式的选择契合国家数字经济发展要求和需求。2021 年 12 月，国务院印发《"十四五"数字经济发展规划》指出数字经济发展要"以数据为关键要素，以数字技术与实

表 3 - 1   龙华区 2021 年规模以上工业主要产品产量

产品名称	计量单位	产量
口罩	亿只	36.95
移动通信手持机（手机）	万台	8996.63
组合音响	万台	1193.23
电子计算机整机	万台	364.35
3D 打印设备	万台	119.13
电子元件	亿只	1598.99
光电子器件	亿只	143.62
锂离子电池	亿只	2.54
灯具及照明装置	亿套	0.82
服装	万件	1288.20
家具	万件	28.40
中成药	万吨	3.30
汽车	万辆	1.93
通信及电子网络用电缆	万对千米	26.44

资料来源：《深圳市龙华区 2021 年国民经济和社会发展统计公报》。

体经济深度融合为主线"，同时将产业数字化作为发展目标，明确提出"到 2025 年，产业数字化转型要迈上新台阶"，并详细阐述了目标内容，包括"农业数字化转型快速推进，制造业数字化、网络化、智能化更加深入，生产性服务业融合发展加速普及，生活性服务业多元化拓展显著加快，产业数字化转型的支撑服务体系基本完备，在数字化转型过程中推进绿色发展"。[①] 这一论述为我国数字经济发展的主旋律定调定性。可以看出，产业数字化是我国数字经济发展的主线，这是由我国产业规模大、制造业基础雄厚的特点所决定的，着重发展产业数字化是符合经济发展规律

---

① 国务院：《"十四五"数字经济发展规划》，（2021 - 12 - 12）［2022 - 05 - 01］，http：//wwwgovcn/gongbao/content/2022/content5671108.htm。

的举措。产业数字化也能针对性解决我国经济的一些痛点，如供给侧结构不良、产能大量过剩但是有效供给不足，产业数字化能够充分发挥数字技术在传统产业发展中的赋能作用，提高供给效率，优化供给结构，减少无效内容，为动能转换提供增量，实现供给侧结构转换。事实上，数字经济的本质特征就是全社会的生产方式主要采用数字技术，数字经济发展的最终目标是实现数字经济与整体经济整合融入、整体提升，而产业数字化是实现这一目标的主要抓手。

3.1.2　数字经济发展的龙华路径

产业数字化发展过程中，龙华坚持制造业立区不动摇，发挥智能制造的传统优势，推动制造型企业与平台型企业双向赋能，打造一批数字化转型样板企业、示范园区，通过整合能够影响数字经济结构发展的各类要素，形成了独特的龙华数字经济发展路径：智造为本、双向赋能、样板示范、要素集聚。对于龙华来说，智造为本是以产业数字化发展为核心的数字经济发展目标下的必然选择，也符合龙华制造业大区的实际情况；双向赋能是宏观经济供给侧与需求侧发力，将复杂的数字经济发展问题，分类为供给侧与需求侧针对性解决；样板示范则主要用于解决企业转型困境的具体问题，从微观层面对企业进行引导；要素聚集则是营造良好的空间环境与生产环境，降低生产成本，促进企业间的交流，增强集聚性势能。

1. 智造为本

制造业是龙华传统优势行业，在数字经济发展的过程中，龙华积极推动制造业与数字技术深度融合，推动传统制造向智能制造转型。通过产业入云、实业上云等措施，推动制造业数字化、网络化、智能化转型，获得新的竞争优势。用机器人替代工人，将更适合机器完成的工作交给机器，对整个生产过程进行智能化改造，在自动化、网络化、智能化方面为传统制造方式提质增效，并在此之上建立个性化定制、智能化生产、网络化协同、服务型制造等新模式、新业态，让智能制造在数字经济产业发展中占据主导作用。

2. 双向赋能

双向赋能的双向是指供给侧与需求侧两向同时发力，推动数字经济发展。龙华区政府主动牵线搭桥，推动数字化赋能供应商精准对接本地企业。针对转型面临的共性问题，政府会同有关工业互联网赋能平台，推动其为企业提供数字化转型定制服务，并通过政府购买服务和政策补贴等方式，降低企业转型成本。举行多场重点企业数字化赋能推进会，进行政策宣讲、任务对标，帮助企业了解政策最新情况，抓住数字经济发展两侧的两个关键行动者，打通从技术供给方到技术使用方的逻辑链条，实现双向发展。

3. 样板示范

样板示范是在重点行业征集并遴选出技术先进、成效显著、能复制推广的应用标杆案例，利用榜样带动、评估促进的方式推动数字经济发展。龙华为企业找到一批数字化标杆，让企业在发展中有目标、有奔头。示范样板近在身边，让企业感到数字化转型目标切实可实现，而不是空中楼阁，增强了企业数字化转型目标的感知可及性，减轻了企业的心理压力和畏难情绪，在实际上也降低了数字化转型难度，为企业提供了参考样例和可复制、可学习的模板。为检验企业数字化转型成果，服务企业对标找到差距，2021 年龙华全区 1640 家规上工业企业实现了"两化"融合评估全覆盖，评估量居深圳市首位，同时推出创新应用标杆案例，点面结合、普遍推进企业数字化转型。

4. 要素集聚

数字经济背景下，数据要素作为新生产要素出现，与技术要素、资本要素、劳动力要素、土地要素这些传统要素相结合，共同构成数字经济新的发展函数。缩短各个要素之间的距离，降低要素融合互通的成本，可以提升要素生产力，能够充分发挥城市密集经济效益与集中经济效益，显著提升区域数字经济竞争力。龙华将各种生产要素布局在一定的区域内，由于聚集效应，经济效益高的区域具有巨大的吸引力，使人力、物力、财力越来越集中，促使经济规模不断扩大，区域发展又反过来有利于提高聚集经济效益，形成良性循环。

3.1.3 数字经济发展的龙华特色

自数字经济上升为国家战略以来，各个地区因地制宜、各显神通，走出了丰富多彩的数字经济发展之路。借助深圳市数字经济先锋的发展优势和龙华都市核心的发展定位，龙华着力推进产业数字化发展，彰显技术先行、产业共创与生态共赢的数字经济发展特点。

1. 技术先行

数字经济发展的根本在于信息通信技术，信息通信技术的发展水平决定着数字经济的发展水平。技术是根本，没有技术支撑的数字经济，就像是无根之树，大而不强，缺乏长久发展的底气。数字经济发挥技术的驱动作用，让技术创新走在前面的发展模式是健康的、合理的，技术是真正的硬实力。龙华着重培育企业创新意识，形成浓厚的企业创新氛围，全区上下注重技术引进、技术创新，区政府鼓励企业加大数字技术研发投入，增加科技创新成果，将创新成果落地转化成市场竞争优势产品。龙华数字技术攻关和成果转化取得了亮眼的成绩，如联得自动化填补了国内大尺寸 PCB 绑定设备的空白，汇川技术自主研发海工变频器、高压变频器等产品，技术又带来了巨大的效益提升、创造了经济价值、推动了经济增长。

2. 产业共创

国家提出要打造共建共治共享的社会治理格局，共建共创共享旨在共同参与建设，让更多主体发挥作用，共同享有成果。一样的思路，龙华在数字经济发展的过程中倡导各个产业分别布局、共同发力，致力于在横向上做大，在纵向上做多，增加产业链、丰富整个产业圈。如果说经济总量的增加和经济效率的提高是做大蛋糕，那么产业共创的逻辑则是做大多层蛋糕。龙华数字经济呈现十大产业群梯队式发展的特征，以工业互联网、人工智能为引领，以智能制造装备、消费互联网、生命健康为支撑，区块链、新型显示、时尚创意、数字文化、集成电路蓄潜力，各个产业集群各司其职，各有特色，百花齐放，产业价值共创，形成产业结构群，共同构成龙华数字经济发展的新局面。

3. 生态共赢

龙华致力于打造全球万亿级数字经济圈，以数字经济融合为理念、产业链增强补弱为带动、整体性思维为引导，在城区内构建产业生态体系。龙华在推进数字化转型时，充分运用生态化思维，推进全域数字经济发展。横向上，对于管理方式和组织结构，运用信息化、数字化的方式依托数字经济平台进行全面改造，提升全要素配置率、生产率，提高生产效率，改变生产模式。纵向上，在产业链的上游和下游、生产的前端和后端都应用数字化手段进行改造，从而改变产业布局，为进一步发展提供新的机遇和增长点。龙华持续更新和转变观念，树立整体思维，进行全局谋划，试图推动数字化转型成为自身成长进化的内生动力，不断朝着更高级、更久远、更系统的方向演进。在数字经济生态体系的指引下，龙华区位优势得到充分发挥，数字产业的创新能力大幅提升，在智能交通、智慧物流、智慧能源、智慧医疗等重点领域取得重要进展。

在如火如荼的数字经济建设中，全国各地踔厉奋发、因地制宜，充分结合当地的产业基础和资源优势，积极投身数字经济建设热潮，推动数字经济更好更快发展。随着国家经济实力的整体提升、互联网基础设施建设和两化融合的持续发展，在地方政府、企业与众多数字经济从业者的共同努力下，中国的数字经济发展不仅在整体上卓有成效，更在各个地方百花齐放，各有特色。在数字经济建设的实践中，涌现出了一批数字经济建设效果好、体量大、增速快、发展富有特色的区县，其中以北京市东城区、上海市浦东新区、杭州市余杭区为代表，以耀眼的成绩获得社会各界瞩目。与以上几个数字经济发展大区相比，深圳市龙华区数字经济发展的特色体现在工业主导，产业数字化发展效能突出。

与北京市东城区相比，龙华区工业主导、产业数字化发展效能突出。作为北京市首都功能核心区，东城区历史悠久、发展基础雄厚，辖区内包含故宫、天安门、天坛、南锣鼓巷、中国国家博物馆、雍和宫等一系列名胜古迹，同时东城区也是北京文物古迹最为集中的区域，有国家级文物保护单位 16 处，东城区还有以王府井、燕莎为代表的多个大型商圈。由于东城区厚重的历史积淀和卓越的文化底蕴，在数字经济发展的过程中，东城区充分利用百年古都的历史文化优势，突出"文化"与"消费"两个重要抓手，打造一批示范性应用场景，设定了"文化＋科技"、"文化金三角"、数字内容等主要着力点。东城区作为国家首都的中心城区承担着首都宣传的政治任务，需要展示首都风貌和时代风采，充分发挥示范作用。2022 年，东城区出台了《东城区推进数字经济标杆城市建设行动方案（2022—2024 年）》，围绕数字赋能实体经济、扶持标杆企业发展、基础设施精准覆盖、挖掘数据富矿资源、构建数字政府体系等五个方面，加速构建数字经济繁荣典范城区。与北京市东城区相比，龙华区建区时间短，作为新区，发展存量少，转型负担小，发展约束少，地租成本低，产业发展空间广阔，数字化转型成本低。同时龙华区工业基础好，产业能量大，数字化转型预期收益丰厚，因此龙华区积极推动产业数字化转型，充分发挥政府在转型中顶层设计、政策支撑的作用。数字产业数字化能够将数字化手段与广阔的经济市场结合起来，赋予产业新的活力，提供广阔的动力，激发原有产业深厚的潜力，从而实现数字经济实体经济融合，推动整体经济发展。产业数字化则偏向于应用层和实践层的技术应用，对技术本身的要求较低，重点在于巧妙运用技术，找好新兴技术与原有产业的结合点。数字化改造利用技术的杠杆作用撬动经济价值，边际效益高。

　　与上海市浦东新区相比，龙华区均衡发展，十大产业群协同发力。自 1990 年国家决定开发上海浦东新区至今过去了 30 多年，30 多年间浦东发展日新月异，建成了包含中国金融中心——陆家嘴和东方明珠电视塔在内的一系列地标建筑，成为上海市新的城市名片。浦东新区数字经济布局早、发展基础好，自 20 世纪 90 年代开始，以浦东软件园（国内第一家软件产业园）建设为标志的浦东软件和信息服务业进入启动发展期，拉开国内软件产业发展序幕，并迅速成为浦东支柱产业。软件和信息服务业成为浦东新区经济密度最高、增长幅度最快、创新成果最多的产业。随着上海（浦东新区）人工智能创新应用先导区、上海国家新一代人工智能创新发展试验区落地浦东，上海开始强调人工智能的引领和带动作用，制定印发了《浦东新区人工智能赋能经济数字化转型三年行动方案（2021—2023 年）》突出人工智能的核心作用，强调人工智能赋能百业。同时推出了"揭榜挂帅"机制，推动形成标杆引领、协同共融的经济数字化转型机制。与上海市浦东新区相比，龙华区虽然没有优厚的金融基础和较长的新型产业发展时间，但是有良好的产业基础和宽广丰富的产业覆盖面，同时没有明显的"偏科现象"，各个产业呈现较为均衡的发展态势。在数字经济的发展的进程中，龙华区提出十大产业集群的概念，并针对性地出台政策助力十大产业共同发展、持续发展。2017 年龙华区建区至今，正值中国数字经济发展的高质量发展期，中美引领的数字经济双核格局形成，数字经济对人民生产生活产生深远影响。在这样的时代背景之下，龙华区数字经济发展取得了瞩目成效，对比全国其他市区，数字经济增速较快，尤其在产业规模、集群效应和传统企业转型方面成效显著。

与杭州市余杭区相比，龙华区数字赋能，强调产业数字化发展。余杭区抢占电子商业发展先机，形成了电商产业先发优势，有着阿里巴巴等互联网领军企业，龙头企业引领强劲。在数字经济发展的过程中，杭州市明确提出要着力打造"数字经济第一城"的发展目标并取得了一定的发展成效，2021 年，杭州数字经济核心产业营业收入、增加值分别达到 16331 亿元、4905 亿元，占全省比重分别高达 55%、58.8%。依托于杭州市整体发展的背景，余杭区抓住电子商务这个着力点，提出要打造全球数字经济创新高地，强调数字产业化、产业数字化双向发力、并驾齐驱。与杭州市余杭区相比，龙华区将数字经济发展的重点放在了产业数字化发展之上，突出数字化手段对传统行业的改造作用，强调现有产业数字化转型升级的重要作用。信息技术是通用技术，所以产业数字化可以涉及诸多产业层面，能够对制造业全流程产生影响，加之龙华区制造业的强劲实力，龙华区在产业数字化方面交出了优质答卷，利用技术的杠杆作用撬动原有产业的经济价值，取得了较高的边际效益。同时，龙华区的产业数字化发展影响力久远，在推动整体经济发展的过程中也发挥了积极作用，形成了良好的数字化生态，对整体经济发展模式健康、可持续、现代化发展起到了积极的促进作用。

3.2　龙华推动数字经济发展的举措

龙华以规划引领、平台赋能、样板示范、要素保障四大举措，加速构建数字经济发展新格局。推进数字经济发展进程中，龙华始终坚持系统性战略思维，前瞻规划数字经济总体建设，构建转型整体解决方案，以"1＋N＋S"一揽子数字经济政策体系明确落实了数字经济发展的主要任务和举措，并提供精准化低成本服务，打造数字化转型典型范例，形成点面结合的系统性、全局化转型局面，并强化做好保障工作，夯实转型的可持续基础（见图3－2）。

3.2.1　重视规划引领，构建转型整体解决方案

发展数字经济是一项关系全局的系统性工作，涉及产业生态、数据要素、技术创新、平台企业创新制度等产业创新与制度创新内容，因此，加强顶层设计、推进协同发展，是发展数字经济关键之举。龙华瞄准数字经济先行区建设的定位，重视规划引领，科学合理指导数字经济的长期发展。2020年7月，龙华制定出台了《龙华区打造数字经济先行区十大举措》，从生态体系、产业链群、空间格局等方面提出了推动数字经济发展的具体举措。2020年11月，龙华又正式印发了《关于建设数字龙华 打造"一圈一区三廊"区域发展格局的决定》，这一决定按照区块集聚、组团发展、功能互

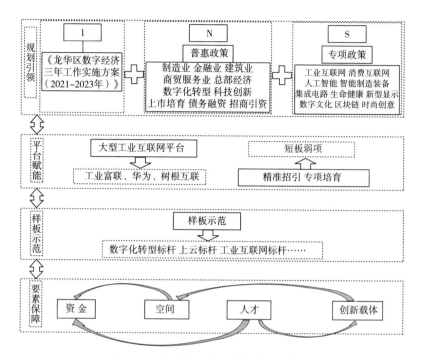

图 3 - 2　龙华推动数字经济发展的举措

资料来源：作者绘制。

补的理念，打造数字经济圈、中央活力区和三大都市走廊，推动区域协调发展，系统规划了龙华发展数字经济的空间格局。

进一步，2021 年 8 月，龙华隆重推出"1 + N + S"一揽子数字经济政策体系（见表 3 - 2），形成了涵盖 10 余个产业领域、20 多项政策、超 30 亿元预算的系统性政策体系。这是龙华构建数字经济新生态的关键落子，数字经济发展的顶层设计，也因此进入更高层面。在数字经济政策体系中，"1"为《龙华区数字经济三年工作实施方案（2021—2023 年）》，突出未来三年龙华数字经济发展目标、重点任务和实施路径；"N"为分行业、分领域普惠性政策，包含制造业、商贸服务业、金融业、建筑业等行业政策以及招商引资、总部经济、数字化转型、科技创新、上市培育和债务融资工具等支撑领域措施，引导各行业数字化转型；"S"为数字经济产业专项政策，瞄准全区重点发展的数字经济十大产业链，针对产业现状、特点和短板，靶向聚焦，加大对工业互联网、区块链、人工智能、新型显示、智能制造装备、消费互联网、时尚创意、数字文化、集成电路、生命健康十大产业的扶持力度。

表3-2　龙华"1+N+S"一揽子数字经济政策体系

1：纲领性行动	N：普惠政策		S：专项政策	
《龙华区数字经济三年工作实施方案（2021—2023年）》	1	《深圳市龙华区推动工业投资加速制造业数字化转型发展的若干措施》	1	《深圳市龙华区支持工业互联网产业发展若干措施》
	2	《深圳市龙华区推动制造业高质量发展若干措施》	2	《深圳市龙华区促进智能制造装备产业高质量发展若干措施》
	3	《深圳市龙华区促进商贸服务业高质量发展若干措施》	3	《深圳市龙华区促进消费互联网产业高质量发展若干措施》
	4	《深圳市龙华区支持金融业发展促进产融结合若干措施》	4	《深圳市龙华区促进人工智能产业发展若干措施》
	5	《深圳市龙华区推动上市企业三年倍增若干措施》	5	《深圳市龙华区促进集成电路产业发展若干措施》
	6	《深圳市龙华区支持企业利用债务性融资工具若干措施》	6	《深圳市龙华区促进生命健康产业发展若干措施》
	7	《关于进一步支持我区建筑业现代化数字化转型升级的若干措施》	7	《深圳市龙华区促进新型显示产业发展若干措施》
	8	《深圳市龙华区科技创新专项资金实施细则（修订）》	8	《深圳市龙华区支持区块链产业发展若干措施》
	9	《深圳市龙华区人民政府关于加快发展总部经济实施办法》	9	《龙华区数字经济园区（楼宇）认定管理办法》
	10	《深圳市龙华区关于招大商招优商招好商的若干措施》	10	—

资料来源：作者整理。

3.2.2　加快平台赋能，提供精准化低成本服务

2018 年 9 月，龙华获批成为广东省工业互联网产业示范基地建设试点单位，肩负起为广东工业互联网发展提供经验与示范引领的重任。龙华衔接汇聚国家工业信息安全发展研究中心、国家工业互联网双跨平台、省资源池企业和龙头企业、行业协会等各类资源，为企业提供轻量化、一站式的数字化公共服务。龙华在国家工业信息安全发展研究中心的支撑下，打造了全国首个政府主导、政策引导的深圳（龙华）数字赋能公共服务平台，该平台汇聚多方资源和诉求信息，集政策备案、评估诊断、供需对接、标杆遴选、金融服务等功能于一体，加速打造龙华新一代信息技术与制造业融合发展的生态优势。

龙华一直着重于对企业数字化转型的"诊断"，逐步绘制出重点制造业企业数字化转型的需求图谱。2021 年，龙华对区内 100 家亿元以上规模的重点企业开展了数字化转型现场诊断，为企业量身定制诊断报告，形成《龙华区 2021 年重点企业数字化转型诊断分析报告》。该报告显示，龙华企业的数字化转型需求分为数字化管理、智能化制造、网络化协同、服务化延伸、平台化设计、个性化定制六个类别。龙华基于诊断结果对工业场景进行整合与分类，形成数字化场景图谱，并与区内软件企业能力画像进行匹配，以需求为牵引整合服务商资源，在提升整体服务能力的同时做好贯标，推动工业互联网产品走向规范化。同时，龙华推动工业互联网向下覆盖、向上承载，形成互为场景、互为基础、互为生态的协同应用体系，持续释放融合发展的叠加效应、聚合效应、倍增效应。

此外，龙华还通过政府购买服务和政策补贴等方式，依托高水平数字化服务商，为企业数字化转型提供诊断调研、方案设计

等全方位指导和服务，切实降低企业数字化转型成本。

3.2.3　突出样板示范，形成点面结合转型局面

根据龙华区发展研究院 2021 年针对 177 家企业的数字化转型调研，中小企业仍普遍面临着不愿转、不会转、不敢转、难以转的问题。针对企业数字化转型存在的困境，龙华不仅加强数字化服务商与企业的对接，也通过在重点行业征集并遴选出技术先进、成效显著、能复制推广的应用标杆案例，用标杆企业鲜活的转型案例展示什么是数字化、怎么转、转了有什么好处，以期带动更多的企业加入数字化变革的浪潮。

龙华在全区重点行业领域打造企业数字化转型、上云上平台、工业互联网三类示范标杆，引导产业数字化转型加速，推动数字经济与实体经济在更广范围、更深程度、更高水平上融合，助力龙华经济实现高质量发展。2022 年，龙华根据"问题导向、创新性、有效性、推广性"四个标准，遴选出 20 个具有代表性的项目作为企业数字化转型的典型标杆（见表 3-3），以推动辖区企业数字化转型。同时，打造上云标杆项目 20 余个，为"云上龙华"提供样板示范；为工业互联网发展提供更多的典型应用场景和参考模板，通过案例的示范带动辖区工业互联网企业加速发展，以先行者的力量赋能后来者，更好地服务数字经济的发展。

龙华不断推进工业互联网领域平台、数据中心、标准、标识解析节点、应用解决方案、智慧工厂、5G 及工业互联网示范园区等应用示范建设，推动各关键行动者之间的互动与合作，在收集寻找试验典型和示范标杆的基础上充分发挥宣传推广的影响力，不断总结形成一批可操作、可复制、可推广的经验做法，带动一批数字经济企业良性发展，努力营造良好发展氛围。

表 3 - 3　2022 年龙华代表性企业数字化转型项目

序号	公司	数字化转型项目
1	赢领智尚服饰	女装大规模定制产业互联网平台项目
2	捷顺科技	基于天启工业互联平台的停车产品服务化新模式
3	丽荣鞋业	基于"大数据＋AI"的女鞋规模定制柔性智能制造系统
4	杰美特	基于工业互联网的模具生产中心数字化制造解决方案
5	坤同智能	面向工业品的智能仓储数字化解决方案
6	国电科技	电力智能终端及通信产品智能制造示范项目
7	南方德尔	电动液压助力转向系统 EHPS 工业互联网创新应用
8	宝德计算	基于工业互联网的智能制造综合解决方案
9	利亚德光电	南方总部智慧工厂工业互联网应用项目
10	华润三九	观澜基地两化融合（乳膏剂车间）项目
11	中建海龙	模块化集成建筑项目
12	领威科技	能耗数据监测项目
13	华为工业云	智能制造和现代服务业创新中心项目
14	美团	无人机智能物流配送项目
15	工业富联	车间智能排产项目
16	富桂精密	数字电子产品智能制造项目
17	裕展精密	手机玻璃组立产线智能化改造提升项目
18	富泰华工业	D32&D33 新型高端手机智能制造技术改造升级项目
19	富泰宏精密	手机智能化加工升级改造项目
20	汇川技术	嫘祖纺织工业互联网平台项目

资料来源：作者整理。

3.2.4　强化要素保障，夯实转型的可持续基础

数字经济的发展需要各类要素的有效支撑。龙华在资金、空间、人才、创新载体等要素方面加大投入，实施了一系列创新举

措，形成支撑数字经济高质量发展的一体化保障体系。

资金要素方面，龙华加大财政资金对数字经济发展的支持力度。龙华推进区级专项资金管理改革，完成修订并印发区级财政专项资金管理办法，进一步提高产业资金对数字经济的精准扶持作用。2021年，龙华数字经济领域的专项资金投入35.8亿元，其中，17.3亿元专项资金用于稳经济增长、保市场主体，15.5亿用于鼓励科技创新、总部经济、人才引进等。同时，龙华还通过与金融机构合作，重点撬动金融和社会资本。龙华区加快推动徽商银行、国信资本、大湾区金融研究院等机构平台落地。尤其是与国信证券达成全面战略合作，依托国信证券资源优势，共同设立数字经济产业母基金，广泛引入社会资本投入企业数字化转型。2021年，龙华成功发行深圳市首单数字经济知识产权证券化产品，发行规模10亿元，惠及45家数字经济企业。

空间要素方面，构建的"一圈一区三廊"区域发展格局与各项土地规划政策结合，擘画了龙华数字经济发展蓝图，切实从龙华产业发展现状出发，结合区位优势情况，充分盘活了区内土地，实现了土地资源的优化利用，为数字经济的发展保驾护航。2021年，龙华推出第二轮重点产业片区土地整备工作方案，致力加速打造一批成片连片、具有示范效应和引领作用的精品产业空间，为龙华构建良好产业链条、产业资源、产业生态提供强大空间基础。

人才要素方面，2021年10月，龙华正式通过最新"1+10"人才政策体系（即1个指导性实施意见、10个专项政策文件），在深圳率先出台了数字经济专项人才政策。数字经济人才专项政策明确了数字经济人才的内涵，确立了三类数字经济专项人才的认定参考条件，坚持市场导向，实行人才多维评价[①]。数字经济专项人才政策的出炉，意味着，龙华数字经济建设顶层设计趋于成熟，最优政策生态体系已经构建完成，"产业 + 人才"相辅相成，成为未来龙华数字经济发展的关键支撑。此外，2021 年 9 月，龙华启动全区处级干部"数字龙华"专题大轮训，帮助领导干部系统了解数字经济、数字城区、数字治理等方面的知识，不断提升专业思维、专业素养、专业能力。

创新载体方面，龙华围绕数字经济十大重点产业链各个环节的发展需求，精准布局一批与其相适应的高层次创新载体，助力打造数字经济先行区。创新载体建设过程中，龙华始终以企业为主，这样企业能够根据自身创新发展需求自行建设运营，更贴近市场，有利于加强面向产业创新的技术攻关和成果转化。2021年，龙华电子信息技术、先进制造与自动化领域创新载体分别有71 家、70 家，合计占全区创新载体比重达 62.1%，为推动龙华数字经济高质量发展提供了创新支撑。

3.3　龙华数字经济发展的成效

3.3.1　数字经济成为推动经济发展主引擎

2021 年，龙华数字经济核心产业总产出 4668 亿元，产业增加值超 860 亿元，占地区生产总值比重超 30%。国家《"十四五"数字经济发展规划》提出到 2025 年数字经济核心产业增加值占国

---

① 《深圳龙华区——数字经济成经济高质量发展主引擎》，人民网，（2022 - 02 - 24）［2022 - 08 - 12］，http：//finance. people. com. cn/n1/2022/0224/c1004 - 32358390. html。

内生产总值比重达到 10% 的目标,^① 可见龙华已经率先并超额完成了国家"十四五"末的发展目标。数据显示,2021 年龙华 752 家数字经济核心产业产值达到 4668 亿元,同比增长 26.7%,增速比传统产业高 16 个百分点;260 余家软件企业实现营收 310.97 亿元,增长 711.6%,增速全市第 1。2022 年上半年,全区数字经济核心产业企业的数量达到 951 家,实现总产出 2167.17 亿元,同比增长 12.4%,高于传统产业 3.9%。由此可见,数字经济已成为推动龙华经济发展的主引擎。

3.3.2　数字经济产业集群效应凸显

产业集群是指一定区域内特定产业中众多具有分工合作关系的不同规模等级的企业与其发展有关的各种机构、组织等行为主体,通过纵横交错的网络关系紧密联系在一起,形成一个空间积聚体,体现着产业结构的调整和优化升级,代表着介于市场和等级制之间的一种新的空间经济组织形式。对于企业来说,产业集群有助于降低企业的制度成本、生产成本、交换成本,提高规模经济效益和范围经济效益,提高产业和企业的市场竞争力。对于区域发展来说,产业集群可以提高区域生产效率,维持集群稳定,从而可以产生滚雪球式的集聚效应,吸引更多的相关企业到此集聚。扩大和加强集聚效应,推动区域经济快速发展,还可以通过集群内部分工的不断细化,衍生出更多的新生企业,进一步增强集聚体自身的竞争能力(张辉,2003)。

龙华深入推进重点产业链"链长制",出台十大产业链发展三年行动计划,加快延链、补链、强链工程,做强优势产业、提

---

① 国务院:《"十四五"数字经济发展规划》,(2021 - 12 - 12)［2022 - 05 - 01］,http://wwwgovcn/gongbao/content/2022/content5671108.htm。

升传统产业、培优新兴产业，打造特色优势产业集群。十大产业
集群总规模超过 4000 亿元，十大产业集群按照量级可以分为三大
梯队（见图 3 - 3）：第一梯队由工业互联网、人工智能 2 个千亿
级产业集群组成；第二梯队由智能制造装备、消费互联网、生命
健康产业链 3 个五百亿级集群组成；第三梯队由区块链、新型显
示、时尚创意、数字文化、集成电路 5 个百亿级集群组成。十大
产业形成多层次递进式数字产业梯队，大中小微企业协同共生。

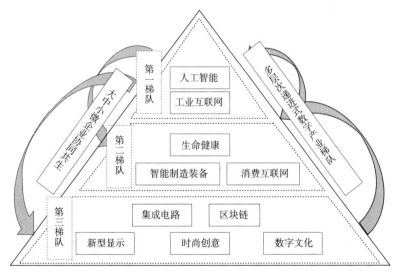

图 3 - 3 龙华数字经济十大产业集群

资料来源：作者绘制。

工业互联网方面，龙华已拥有富士康和树根互联两个国家级
"双跨"工业互联网平台，培育出策维软件、蘑菇物联等 11 家省
工业互联网生态供给资源池解决方案商。人工智能方面，2020
年，龙华区内人工智能重点企业 47 家，贡献产值 261.6 亿元，较
2019 年总产值 138 亿元同比增长 89.6%。智能制造装备方面，龙
华有国内最大的中低压变频器与伺服系统供应商——汇川技术。
生命健康方面，龙华中药、抗生素类化学药、医用敷料领域市场

占有率在国内处于领先地位。消费互联网方面，2021 年，龙华拥有消费互联网领域的数字经济核心产业规上企业 84 家。集成电路方面，龙华拥有中科飞测、金誉半导体、杰普特光电、海目星激光等重点企业。区块链方面，龙华有德方智链科技等企业，率先探索区块链在政务、民生和金融等场景的广泛应用。新型显示方面，2020 年，龙华新型显示产业企业有 56 家，其中产值 1 亿元及以上企业 22 家，10 亿元及以上企业 8 家。时尚创意方面，2020 年，龙华时尚创意产业增加值约 650 亿元，占全区地区生产总值比重约 26%。数字文化方面，数字文化领域的数字经济核心产业规上企业达 88 家，2021 年前三季度，88 家数字经济核心产业规上企业营收达 101 亿元。

3.3.3 传统企业数字化转型成效明显

2022 年，基于龙华区政府对企业数字化转型全面深化引导，针对企业难以精准切入痛点、顺利进入转型轨道的问题，开展从诊断到上云的全过程赋能保障工作。龙华已有 300 多家企业开展数字化转型，推动全区上云项目超 2.68 万个。传统企业数字化转型正在加快推进，数字化赋能企业生产方式转换，产出效益倍增。一方面，传统制造企业智造水平提升，如富士康集团旗下富桂精密、裕展精密和富泰华三座智能工厂的智能制造能力成熟度已达到四级，杰美特、富润通等企业的数字化工厂项目已陆续交付投产。另一方面，创新应用标杆企业孵化形成，如华润三九、赢领智尚获评工信部工业互联网平台创新领航应用案例，领威科技能耗数据监测项目、工业富联车间智能排产项目入选国家智能制造优秀场景名单。现结合龙华区工业和信息化局编撰的《2022 年龙华区企业数字化转型优秀案例》，重点介绍三家数字化转型成效突出的企业。

专栏 3 - 1　数字化改造，传统服装公司换新颜

——深圳市赢领智尚科技有限公司：高端女装

个性化定制及全智能供应链平台

发展困境

赢领智尚是注册于深圳市的一家女装公司，旗下有 NEXY. CO、NAERSI、NAERSILING 三个女装品牌，随着时代发展，在消费升级、顾客需求日益多样化和个性化的当下，公司传统的运营模式无法精准把握消费者喜好，女装畅销款断货、滞销款积压，也无法满足顾客个性化定制需求。此外传统生产过程生产时效慢，工人们时常加班，生产效益却上不去。同时市场上新的就业者大多流向薪资高、有发展前景的高新技术产业，服装行业不再成为年轻人就业的第一选择，导致工人难招募、公司内部员工结构不良、熟练工断层等诸多生产经营问题。

数字化解决办法

在龙华区产业数字化转型的大潮下，赢领智尚推出了大规模个性化定制及全智能供应链平台。智能裁床通过读取面料卡自动获取排料图进行裁剪，短短几分钟就能完成布料的裁切，裁片通过智能吊挂系统自主配对，自动运送到指定部件区；工人严格按照操作台前方的作业平板电脑提示进行服饰生产加工，规范作业严控品质；智能绣花机采用全数控设计，电脑制作完成样图，可以快速刺绣多色绣花图案。

赢领智尚女装还引入了智能制造系统，通过设计研发平台、"三全"智能销售平台、数字智造平台、供应链运营平台、原材

料采购平台，探索高端女装智能制造和个性化定制新模式。智能销售平台可开放给社会上的形象顾问师、定制代理商等；智能设计平台可给设计工作室、小品牌开放，成为他们的中央版房；智能生产平台，则可以为全球大小品牌提供小单快返，柔性生产（见图3-4）。

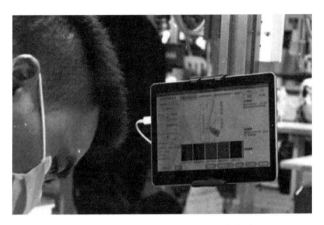

图3-4 "赢领智尚"智能化生产线

成效

在数字化转型的作用下，赢领智尚实现了个人定制产品七天交付，交货周期缩短80%，生产效率提升20%。此外，还能在满足顾客个性化定制需求的基础上减少对熟练工的依赖，减少库存积压浪费。据赢领智尚服饰科技有限公司董事长陈灵梅表示"经过两年的市场探索，我们的智能定制产品满意度95%，退货率降至1%！"精益化、IT化、自动化"三化"高度融合，设计、采购、物料管理、工厂排产、生产调度、成品下线、发货、销售、服务整个过程智能化、网络化，全方面解决了生产经营瓶颈问题，实现了企业整体化升级。

专栏 3 - 2　数字化改造，智能仓储有一套

——深圳市坤同智能仓储科技有限公司：

实时在线智能物料管理

发展困境

传统制造业企业在生产经营的过程中会用到诸多办公物资、零件、工业辅料等小器件，由于器件体积小、数量多、计数耗时耗力还不准确，所以企业往往没有此类小器件的实时库存记录，再加上仓储混乱、取用量较大，导致企业在生产时取用无数、领料随意无记录、浪费严重，找料盘点费时、效率低下，存在缺料风险、数据分析缺失、无计划采购等问题。像工具、OEM 紧固件、刀具等这些工业辅料，一般只占工厂产值的 4%～7%，虽然采购产值较少，但数字不清、采购麻烦却实际占用采购人员日常工作量的 70%。而且这些物料复杂性高、采购过程烦琐，浪费采购人员工作时间，同时计数难度大导致管理难度较大。

数字化解决办法

为此，深圳市坤同智能仓储科技有限公司通过智能小仓库加上智慧管理平台为企业提供了一套智能仓储数字化解决方案实现工业品辅料的智能化管理。智能小仓库形似自助售货机，根据不同的产品管理需求，有智能无人仓库、弹簧机、格子机、称重机、智能仓、RFID 货架等几十种不同型号，可以管理个人防护品、办公文具、紧固件、切削工具等。智能小仓库共有三大产品线、32 款产品，可以灵活适配各种场景，为客户的工业品辅料管理提供一站式服务。智能小仓库装配有高精度传感器，可以通过称重方

式精准记录物料库存变化，螺丝螺母类的小零件按照盒来计数，中性笔等办公耗材按支来计数，仓库中的每一样东西都可以精准计数。智慧管理平台可以通过设备端、手机端 App 系统设置管理领用权限，实时记录领用数据，并自动联通上游商品的供应商发出补货信息，减少采购成本和时间，减少库管人员，提高库存管理效率。在智慧管理平台上还链接了服务商，企业可以在智慧管理平台上进行一站式线上采购，工业辅料还能做到领用才结算，让工厂实现"零库存"。此外，智能管理平台在发展过程中积累的数据资料，还能通过大数据的深度挖掘技术，更高效地赋能制造业和供应链上下游（见图 3 - 5）。

图 3 - 5　工人正在操作智能小仓库

成效

通常情况下，企业物料从采购、领用到补货有 8 个流程，使用坤同智能仓储方案后，该流程将缩减为 4 步，采购、出入库，质检和领料流程都进行了优化，24 小时的无人化管理、数据实时在线化、报表可视化，让企业的采购流程简单透明。经过坤同智能仓储管理的线边物料，准确率由原来的 50% 上升到了 99.97%，实现了 MRO 物料无人化，领料流程从之前的平均 30 分钟缩减至 30 秒钟，降低企业生产管理成本 20%，还能通过对产品运行的实时监测，提供远程维护、故障预测、性能优化等服务，让物料管理效率提高 40%，大幅提升了供应链效率、降低了制造业成本。

某国有电气企业以不到 200 万元的成本与坤同公司合作搭建数字仓储平台，整体布机 90 多台，从 2020 年至今，已节约成本超过 500 万元，综合成本降低 31%，综合效率提升 50%。

专栏 3－3　数字化改造，富士康智能制造新成效

——富士康科技集团龙华科技园：

"关灯工厂"全球灯塔

发展困境

自 1974 年在台湾创立、1988 年投资大陆以来，富士康迅速发展壮大，拥有百余万员工，是全球最大的电子产业科技制造服务商。然而，富士康多从事价值链低端的电子产品组装等业务，是典型的人力资本驱动型企业，依靠价格低廉的人力资本，创造价差，营造市场竞争优势。然而，这样的产业模式价值低，经济利益转化效率低，面临产业升级被替换淘汰的风险，容易在未来失去竞争优势。同时，生产车间工作环境恶劣，有些会对工人视力产生伤害，制备过程中所使用的化学品还可能造成过敏、灼伤，不利于工人的身体健康和生命安全。此外，工人长期从事低价值、重复的流水线工作，为了最大化效益为产能服务，生产线运转分秒必争，工人单日工作时间长，休息不足，且长期在高压环境下心理负担大，面临身体心理双重压力，早年间，富士康员工跳楼事件引发过广泛关注。

数字化解决办法

富士康龙华工厂运用智能化设备对工人不愿做、不好做的工作进行了替代。在专门生产智能手机等电气设备组件的工厂中采用了全自动化制造流程，配备了机器学习和人工智能型设备自动优化系统、智能自我维护系统和智能生产实时状态监控系统，整个生产场域采用了关灯状态下的全自动化作业，真正实现了"关灯工厂"。之所以能够实现关灯生产，是因为产线上均由机器人自主操作而无须人力。

以数字化刀具切削生产车间为例，车间未开灯，仅有一排绿色的生产指示灯幽幽地亮着。透视流程，机械手将粗坯送入第一台机台，机台自动接收后关闭窗口，由机台内的刀具进行切削。每个机台内部，上方悬着一个罗盘，标着数字 1~20，每个数字下对应一把旋转刀具。每一把刀承担一项任务，粗如钢笔的切削大孔，细如针尖的钻刻细孔。左右两根细长的喷头，不断喷射切削液，既为润滑，也为降温。整条产线一百余把刀具，每把都装了传感器，能实时采集及分析不同种类数据，可实现过程参数的统计，以便实时监控，达到产品质量变化趋势预测预警，及时发现及预防产品品质异常。在加装传感器之前，某条自动化生产线良品率特别高，但管理人员并不解其中原因，加装传感器后，良品率高的自动化生产线上每把刀在每一个细微之处的区别都可以被采集到，并把这一经验施加给每条生产线。

成效

富士康"关灯工厂"整个项目导入 108 台自动化设备，并完成联网化。制程中 SMT 导入设备 9 台，节省人力 50 人，节省比例96%；ASSY 导入设备 21 台，节省人力 74 人，节省比例 79%；

Test 导入设备 78 台，节省人力 156 人，节省比例 88%。整体项目完成后，人力节省 280 人，节省比例 88%，提升效益 2.5 倍。在注重优先利用第四次工业革命技术的前提下，令生产效率提高 30%，库存周期降低 15%，是智能制造的表率。2019 年入选世界经济论坛"制造业灯塔工厂"，成为中国 5 家、全球 16 家工业 4.0 未来智慧工厂其中之一（见图 3-6）。

图 3-6 富士康"关灯工厂"

3.3.4 数字经济的支撑要素加速汇聚

在"数字龙华"建设的持续推进下，数字经济要素加速汇聚龙华。发展空间载体、公共服务平台、金融服务产品、高素质人才等要素的集聚，促进数字经济的高速发展。

数字经济空间载体拓宽。出台《龙华区数字经济园区（楼宇）认定管理办法》，已认定总部大厦（汇隆商务中心）、国际创新中心（汇德大厦）、龙华区科技创新中心（红山 6979）、创想大厦 4 家区属物业为首批数字经济楼宇，吸引了美团、英诺赛科、深兰人工智能等一批优质企业进驻；第二批受理工作目前已全面启动，拟认定园区 6 家以上。

公共服务平台功能完善。会同国家工信安全中心打造深圳（龙华）数字赋能公共服务平台，以"一站赋能，转型无忧"的理念打造集项目备案、数字化转型诊断、服务商能力画像、解决方案图谱、转型赋能于一体的一站式赋能平台，促进区内制造业企业与优质资源池企业的供需对接，确保赋能工作取得实效。平台已于2022年5月24日开启首轮线上压力测试，发动首批60家制造业企业与10余家服务商提前入驻平台，优先体验平台各项功能。

金融服务体系支撑强化。设立大湾区（深圳）金融研究院，培育以知识产权金融、供应链金融、绿色金融等产品金融为核心的金融服务体系，为龙华打造"深圳产融结合示范区"提供金融智力支持。2021年，累计发行4期聚焦"数字经济"领域知识产权开发的资产证券化产品，融资规模达10亿元，惠及企业53家。

高端素质人才队伍壮大。2021年龙华区数字经济人才存量为22.9万人，创造了龙华数字经济50%的产值。除此之外，龙华数字经济核心产业的研发人员数量增速呈递增趋势，从2018年34837人增至2021年的51405人，增幅47.6%。从产业分布看，数字经济人才主要集中在智能制造装备（42.4%）、工业互联网（19.8%）、人工智能（16.5%）、新型显示（12.8%）等产业行业分布集中。从街道分布上来看，龙华数字经济人才主要集中在福城街道，占比高达43.2%，龙华街道排在第2位，占比23.2%，大浪街道和观澜街道占比相近，分别占比14.1%和12.4%。北部数字经济圈的数字经济人才数量占全区总量的92%以上，人才呈高度集聚发展趋势。可见，龙华数字经济人才与产业发展同频共振，并为产业强势赋能。

CHAPTER 4

龙华的数字城区发展

龙华坚持以人民为中心的发展理念，聚焦城市规划、建设、管理、运营全生命周期数字化发展，创新构建"1+2+4+6+N"数字城区建设框架，大力统筹推进顶层设计、设施保障、平台建设、技术驱动、场景应用五大重点任务。在全生命周期型的数字城区发展模式导向下，龙华已在体制机制优化、数字基础设施发展、数据平台性能提升、关键技术创新应用、智慧场景全面布局等方面取得显著成效，城市服务更趋智能化。

4.1　数字城区发展的龙华模式、
路径与特色

4.1.1　数字城区发展的龙华模式

随着信息技术的快速发展与广泛应用，我国从总体架构到具体应用出台了支持智慧城市建设的各类政策，各地区也将智慧城市建设作为未来城市发展重心。2018 年 6 月，国家市场监督管理总局、中国国家标准委联合颁布了《智慧城市顶层设计指南》，明确了智慧城市建设"以人为本、多元参与、创新驱动"的总体原则，主张应从城市整体发展战略层面对智慧城市的总体架构、业务架构、应用架构、基础设施架构等方面进行规划和设计，从操作层面对主要任务、重点工程、保障措施等加强细化。

在国家、广东、深圳相关政策的指引下，龙华深入落实智慧城市建设的战略部署，结合区域发展特征，着力打造全生命周期型的数字城区，构建全层次的数字城区生态体系，包括完善顶层设计、建设信息基础设施、升级数字平台、研用关键技术、拓宽场景应用，实现城区的智能化发展。龙华全生命周期型的数字城区发展模式如图 4 - 1 所示。

顶层设计层面，接连出台系列文件，统筹推进数字技术应用全面融入经济、政治、文化、社会、生态文明建设各领域和全过程；设施保障层面，在龙华空间结构上合理布局信息与融合基础设施，夯实城市硬件设施部件的数字化升级，形成"万物互联、

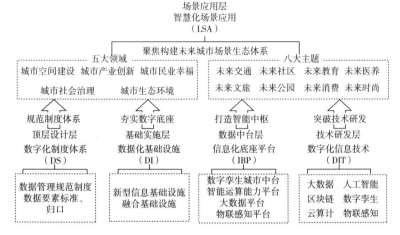

图 4 – 1　龙华全生命周期型数字城区发展模式

资料来源：作者绘制。

数智融合、技术引领"的数字基础设施体系；平台建设层面，升
级城市各类数据处理系统，赋能交通、水务、城管、工程项目等
管控平台，建立高效化、智能化、标准化的数据处理中台体系，
推进城区数字化、网络化、智能化、可视化发展；技术驱动层面，
依托科研机构、头部科技企业着力攻克关键核心技术，推动数字
技术产业化发展，科技赋能龙华数字城区建设；场景应用层面，
以场景为牵引，从市场需求、消费升级出发，通过消费反向决定
生产，将数据、内容、算法、体验、服务以及硬件等有机结合，
让数字消费成为一种重要的产业。

　　龙华遵循国家顶层设计，结合地区发展实际，积极推进数字
城区发展模式创新，以新一代信息技术创新为内生驱动力，科学
合理地布局建设数字基础设施，实现城市场景智慧化建设、运营，
再以场景运营过程中的社会新需求推动技术革新，从而实现数字
城区的全生命周期发展。在我国智慧城市建设进程中，龙华的全
生命周期型发展模式具有示范性和先进性，为区县智慧城市建设
提供宝贵经验。

4.1.2　数字城区发展的龙华路径

基于全生命周期型的数字城区建设要求，龙华科学制定了《深圳市龙华区数字城区建设三年行动方案（2022—2024 年）》，坚持贯彻"数字营城、万物智联、场景驱动、空间再造"的数字城区建设路径，通过着力推动新一代信息技术的创新应用，驱动全域基础设施数字化转型，强化基础设施、设备信息互联、操作协同，从而赋能多元城市场景智能化运行，重塑城市空间结构。

根据建设路径，龙华创新构建了"1 + 2 + 4 + 6 + N"数字城区建设框架，支撑城区数字化建设有序、渐进开展。"1"即一个技术应用，紧抓新一代信息技术主引擎；"2"即二类基础设施，包含信息基础设施、融合基础设施；"4"即四个数字平台，包含数字孪生城市平台、大数据平台、物联感知平台，以及智能运算能力平台；"6"即六个重点片区，率先推进六大重点片区的数字城区建设；"N"即 N 个数字应用，瞄准"民生七有"目标，聚焦公共管理、公共安全、公共服务和创新创业领域提供 N 个应用支撑，助力实现未来城市试验场景深度开发建设。

在明确技术、设施、场景、空间为城区数字化转型主要内容的基础上，龙华进一步落实具体实施方向及重点试验区域，着重从顶层设计、设施保障、平台建设、技术驱动、场景应用五大方面深入推进城区数字化建设，加快构建全域数字生态，促进生产方式、生活方式及治理方式的有效转型。上述五大方面的建设实际是同步动态进行、相互影响促进的，如技术研发的过程既是技术成果转化、技术应用试错的过程，各层面在交互发展的同时不断地发展革新，相互刺激新需求、新技术的产生。因此，应将全周期管理的理念贯穿于城区规划、建设、管理全过程，推进全过程、全要素数字化转型。

4.1.3　数字城区发展的龙华特色

围绕"数字龙华、都市核心"主题，龙华在数字技术重塑城区结构进程中，充分彰显"以人为本、重在建设"的发展特色，高度重视人性化尺度，以"人"的真实体验为衡量空间质量的评判标准，推动传统公共基础设施转型升级，建成以人为本、安全为先、需求引领、数据驱动、迭代发展的新型数字城区，提升城市服务功能智慧化。加快构建以城市综合管理、基本公共服务为基础应用的立体式智慧场景矩阵，率先在数字校园、数字交通、数字生态等领域取得发展突破，让城市能感知数字医院、会思考、可进化、有温度，成为"鹏城智能体""数字中国"的龙华样板。

国内城市数字化发展水平阶梯状特征显著，其中第一梯队的城市包括广东、浙江、北京、江苏、上海等5个省市的城市，这些地区相继出台城市数字化转型的部署，标志着我国城市数字化发展进入新的阶段，领先城市的数字化转型将掀起新一轮数字化发展浪潮，对全国其他城市起到重要示范、引领作用。先进城市推进区域数字化转型发展，基本上都着重以规划部署完善、产业基地构筑、企业引进集聚、人才高地打造等方面为关键抓手，进一步以点带面辐射全域数字化转型。北京朝阳、上海浦东、广州海珠、佛山禅城、无锡滨湖及深圳龙华的城区数字化发展模式各异，具体情况如表4-1所示。

相较于其他城区数字化转型发展，深圳市龙华区主要在发展模式、建设切入点、统筹主体、应用领域四大方面表现出相对差异化特征。

表 4 - 1　国内城市数字城区发展路径对比

城区	发展模式	发展路径	统筹主体	建设切入点	应用领域
北京朝阳区	数据要素聚合型	以精准高效的政策体系为导向,以数据等类要素融通发展为基础,优化数字经济发展新生态	"城市智慧大脑"建设工作专班	城市发展需求	科技冬奥、数字消费、园区管理、社区管理、医疗卫生、教育服务
上海浦东新区	基础设施驱动型	以信息技术设施的建设完善为发展基础,带动城区数字化变革发展	城市数字化转型工作领导小组	基础设施建设	交通管控、医疗卫生、社区管理、环境保护
广州海珠区	产业集聚发展型	推进战略性支柱产业发展,形成产业集群,培育形成产业链上下游和跨行业融合的数字生态体系	数字经济产业发展领导小组	产业链发展	商务会展、创意文化、智能家居、医疗卫生、服务贸易
佛山禅城区	场景应用驱动型	以物联网、云计算等智慧城市核心技术为一个或多个领域的应用为切入点,开展智慧城市建设	数字化城区建设工作专班	技术融合应用	医疗卫生、校园管理、交通管控、社区管理
无锡滨湖区	核心技术驱动型	以物联网和云计算两大智慧城市建设的核心技术为突破口,培育和发展物联网、云计算产业来驱动数字化建设	数字城区建设工作专班	基础设施、数字平台建设及其数字化管理	城市综合管理、交通管控、医疗卫生、生态保护
深圳龙华区	全生命周期型	坚持"数字营城、万物智联、场景驱动、空间再造"的数字城区建设模式,加快构建全域数字生态	专业运营机构统筹	城市场景应用	城市综合管理、未来时尚、公共服务、社会治理、生态保护

资料来源:作者整理。

第一，在发展模式层面。北京朝阳区侧重于发展数据要素市场，通过数据要素的集聚基础，推进城区的数字化变革；上海浦东新区侧重完善新型信息基础设施建设，以浦东新区城市数字化转型总体目标与框架、空间布局为基本前提，实施面向未来的数字城市任务工程；广州海珠区倾斜性发展战略性支柱产业，加快数字化产业链上、中、下游强链补链，以产业集群优势构建数字城区生态体系；佛山禅城区则把智慧应用放在智慧城市建设的首要位置，强调智慧技术在社会管理中的应用，推动数字化信息技术于城市场景融合发展；无锡滨湖区则通过大力培育和发展物联网、云计算产业来驱动城区数字化建设；而深圳龙华区坚持"数字营城、万物智联、场景驱动、空间再造"的数字城区建设模式，聚焦城市全生命周期数字化发展，全面打造全层次的数字城区生态体系，包括构建支撑体系、升级数字平台、建设基础设施、拓宽场景应用，实现全生命周期的智能管运。

第二，在建设切入点层面。因各市区发展路径不同，选择的建设切入点则存在差异。北京朝阳区以城市的发展需求全面推进城市数字化建设，上海浦东新区以夯实基础设施建设为数字城区奠基，广州海珠区基于产业链强链补链优化数字要素配置，佛山禅城区选择物联网等新技术与城市场景融合应用，无锡滨湖区以物联网产业发展作为城区数字化建设的突破口，而深圳龙华区围绕基础设施、数字平台建设及其数字化管理开展系列数字化建设工作。

第三，在统筹主体层面。北京朝阳区、上海浦东区、广州海珠区、佛山禅城区、无锡滨湖区均由政府部门组织而成的工作专班，负责领导统筹城区的数字化项目建设。而深圳龙华区则是设立数字城区建设工作专班。

第四，在应用领域层面。各城区以城市综合管理、基本公共服务为基础应用领域，并结合城区发展特色，优先推进特色智能场景应用。北京朝阳区重点建设科技冬奥、数字消费场景；上海浦东区侧重在社区管理、环境保护布局智能场景；广州海珠区则优先推进商务会展、创意文化、智能家居领域数字场景建设；佛山禅城区着重深化校园管理领域的信息技术应用；无锡滨湖区侧重于生态保护领域的深度应用；深圳龙华区聚焦城市规划建设管理运行全生命周期管理，加快建成数字交通、数字城管等一批典型应用，助力城市运转更聪明、更智慧。

4.2 龙华推动数字城区发展的举措

龙华通过统筹协调顶层设计、设施保障、平台建设、技术驱动、场景应用各层次发展，加速龙华数字城区生态构建。在推进城区数字化建设进程中，龙华始终坚持全局化战略思维，系统规划数字城区总体建设，聚焦重点区域和关键环节优先发展，以数字化引领城区制度规则重塑、业务流程优化、服务能级提效，进一步明确落实了城区数字化转型的主要任务和举措，以需求清单形式夯实基础设施建设，提升数字化服务能力，开展智能化场景建设。龙华区自顶层设计至场景应用均采取针对性措施推动城区数字化转型发展，具体重要举措如表4-2所示。

表 4-2 龙华区建设数字城区的重要举措

层次	发展目标	重要举措
顶层设计层	创新改革数字化制度，重塑工作机制，逐步完善数字化制度体系框架	成立数字城区建设工作专班 探索数字化工作机制 建立健全数据管理制度

续表

层次	发展目标	重要举措
设施保障层	以打造"万物互联、数智融合、技术引领"基础设施体系为目标，统筹推进新型信息基础设施发展	全力建设网络信息基础设施 加速升级算力信息基础设施 有序推进融合信息基础设施
平台建设层	建立健全适配新型数字化设施的数字中台操作体系，重点打造四大数据平台	建设数字孪生城市平台 建设大数据平台 建设物联感知平台 建设智能运算能力平台
技术驱动层	驱动新一代信息技术融合应用，增强城市发展内生动力	推动新一代信息技术创新应用 前瞻布局前沿创新科技 引导创新要素空间聚合
场景应用层	围绕"立体平台打造、场景矩阵试验、场景落地支撑"三方面，全面构建未来城市场景建设生态体系	发布未来城市场景建设需求清单 建设未来城市场景试验场 构建多元合作的运营管理平台

资料来源：作者整理。

4.2.1　完善顶层设计

1. 成立数字城区建设工作专班

龙华在数字城区建设工作专班领导下，统筹协调重大问题和需求，制定适应龙华数字城区发展的支持政策和措施，严格管控智能场景的建设落地，加强政府与知名高校、科研院所、企业的合作互动，建立新型数字城区专家智库，为数字城区建设提供高端决策咨询。

2. 探索数字化工作机制

试行"定协同规则、定业务流程、定共享数据"数字化工作机制。一是确定协同工作规则。将部门间的工作协同需求规范化、流程化、制度化，明确协同方式与规则；建立指挥联席机制、法制研判机制、执法联动机制、绩效评定机制等运行支撑机制；探索在现有办公 OA、"一次了"平台等基础上，掌握协同状态，强化协同功能与闭环处置。二是确定业务操作流程。细化各类事件的分拨与处置规则，探索建立治理规则池，重点梳理实际工作中出现的因部门责任边界不清晰、处置标准不统一导致的规则冲突与治理问题。三是确定数据共享范围。积极支持龙华数字治理创新需求的前提下，结合上级部门相关文件要求对部门数据确权定责，数据归属方、数据使用方以及共享管理方应明晰相关管理权责。同时，发挥区块链技术优势，实现共享过程中的记录和追溯，厘清部门在共享中的权利责任，健全可信、可靠的政务数据共享交换机制。

3. 建立健全数据管理制度

依据数据采集、存储、应用、归档全流程，拟定一套规范化、标准化的数据管理制度，逐步规范数据全生命周期管理。一是创新建立数字要素运维制度规则。以现有政务数据平台为基础，推动大数据平台建设，试点建设区级大数据交易中心。通过建立与数据采集、数据标准、数据确权、数据标注、数据定价、数据交易及数据保护相关的全流程运维规则，加速数据融通，形成政府数字服务标准化体系。二是以数据标准应用为根本，各部门共建数字应用、技术实现等标准体系。聚焦数字城区建设，以各部门指标为基础，围绕部门职能、对标上级标准、遵从区级标准，逐步建立健全相关建设标准、应用标准、数据标准和使用规范，为系统有效互联、业务协同联动提供标准和依据。三是完善数据产权保护和利用新机制，保障数据安全管理，建立公共数据资源管理体系、目录体系以及数据安全体系，加强公共数据治理、质量管理和数据授权管理。

4.2.2　构建数字基础设施体系

以打造"万物互联、数智融合、技术引领"的数字基础设施体系为目标，以5G网络和工业互联网建设为抓手，精准把握各类数字基础设施发展的共性规律和个性特征，统筹推进网络信息基础设施、算力信息基础设施和融合信息基础设施加快发展。

1. 全力建设网络信息基础设施

重点推进"5G＋千兆光网＋物联网＋智慧专网＋卫星网"通信网络基础设施体系完善，全面开展5G网络建设，推动5G室分系统的共建共享。加快建设千兆光纤网络，全面部署10G PON光纤接入网，部署应用下一代互联网（IPv6），在龙华重点区域率先试点Wi-Fi 6网络全覆盖。加快专用网络建设，为全域政务系统升级配置5G专网，并广泛布局1.4GHz无线宽带专网和1.8GHz行业专网。积极建设北斗卫星地基增强系统，搭建无缝覆盖、安全可靠的空天网络设施。完善公共服务基础设施布局建设，利用革新性RFID、5G、NB-IoT、北斗技术，部署和升级市政及建筑等重点领域的物联网感知设施及物联感知终端，强化物联技术以提升城市智能服务水平。

2. 加速升级算力信息基础设施

加速"边缘计算＋智算＋超算"的算力平台，高效整合网、云、数、智、边、端、链等多层次算力资源，引导既有、待建数据中心重点布局承载实时类和低时延类业务，推进边缘数据中心建设。借助电子科技大学（深圳）高等研究院、盘古数据、宝德云计算等科研机构、企业，联合建设区大数据中心、存储中心等重大科技基础设施、产业技术创新基础设施，强化创新基础设施实验设备性能，优先以产业技术创新基础设施大型设备为试点，探索构建创新基础设施的可视化管理、准确定位、远程监控、远程智能运维场景。

3. 有序推进融合信息基础设施

一是分阶段开展城市道路的智能化建设，率先在城市关键道路完成 5G – V2X 试点应用，完成车用通信无线网络的道路覆盖，提升高精度时空基准服务能力，并逐步向龙华全域推广示范。与深圳北站、樟坑径直升机场及地铁智慧化轨道对接，优化完善全区智慧交通大脑。率先在低空空域建立以无人机为核心的城市运行监测和调度体系。二是有序布局智慧能源基础设施。基于数字综合能源港，科学布局加氢站建设落地、大唐宝昌数字化电厂完成升级改造，统一布局建设智慧电网，大力建设新型充电基础设施，开展 V2G、光储一体化站点技术装备与系统集成创新。三是高效升级智慧市政基础设施。龙华全域完成多功能杆的合理布局，推广水务、环保、安防、地下综合管廊等市政基础设施"5G +""物联网 +"等应用，有效助推通道型枢纽节点、智慧物流枢纽、智慧物流园区、智慧仓储物流基地等设施建设。四是建设智能制造基础设施。依据龙华重点发展产业图谱，完善数字化基础设施布局建设，构建基于统一底座的工业互联网网络体系，网络服务覆盖重点工业园区，协同产业与企业的内外网，积极推广标识解析应用。

4.2.3　夯实数据平台底座

建立健全适配新型数字化设施的数字中台操作体系，提升城市规划、数据处理、技术互联、智能运算等数字化能力，筑牢数字赋能底座。龙华依托数字中台体系，基于海量数据汇聚、融合、管理、共享、分析、挖掘，孵化孕育新技术、新产品、新业态与新模式；基于开放数据中台，赋能各产业领域应用开发，切实解决各个业务环节联动问题，提升城市运营效率。不断丰富中台数据体量和类型，形成市场应用与数字中台相互促进的开放生态。重点提升四个数字平台的服务性能，筑牢数字赋能底座，包含数字孪生城市平台、大数据平台、物联感知平台及智能运算能力平台。

1. 建设数字孪生城市平台

重点强化城市信息模型、地理信息系统等系统的融合应用，整合全区地理空间信息，开展高精度三维城市建模，形成数字化时空地图。加入区统一物联感知平台数据，提高物联数据获取便捷性，实现对现实世界的虚拟刻画和动态感知，建立定位精准、虚实融合、生态开放、时空数据融汇的数字孪生城市平台，筑牢统一的数字孪生底座及标准体系。

2. 建设大数据平台

龙华通过创新构建数据资源的"汇、管、用、评"体系，汇聚政务、社会、互联网、感知等多源数据，应用人工智能、大数据、互联网等技术，提供丰富的数据模型和标准化的数据服务。在数据资源体系健全的前提下，进一步建立以数据为基础的决策机制，通过数据归集、融合、挖掘，助力可视化辅助决策，提升数据的社会经济价值。

3. 建设物联感知平台

通过调试全域信息基础设施设备的兼容性，提升物联感知平台统一接入、异构网络融合、设备管理、感知数据传输、汇聚及共享等能力，设备和数据的泛在互联感知得到增强，新型物联感知体系逐步建成，充分保障未来设备大规模接入增量扩容需求。以支撑城市感知数据资产化运营，实现对城市运行综合态势进行综合分析。这在一定程度上，加大了物联感知技术在全域推广应用，降低了运营成本，扩大前端智能感知终端覆盖率。

4. 建设智能运算能力平台

完成存算一体的边缘计算平台建设，实现算力的"云边端"统筹供给和协同调度，按需扩充算法库，形成算力、算法、数据等人工智能基础设施服务能力。在智能运算规则层面，制定算法模型体系，开发算法接口和通用性算法，统一图像识别、语义分析、文本识别等算法口径。除此之外，创新打造建设移动业务及数据安全中台。一方面，龙华支撑终端应用快速构建，推动城市管理平台终端应用由"大屏"向"小屏"转型，并向基层管理者及社会大众普及。另一方面，推动数据实现从治理、使用、流动、外部入侵、存储加密、防勒索到态势感知的全生命周期的精准侦测、安全检测，打造端到端的数据安全体系。

4.2.4　强化创新驱动科技赋能

通过创新驱动、科技赋能，增强发展内生动力。龙华着力推动区块链、5G、工业互联网等新一代信息技术的创新应用，在新技术研发突破基础上，前瞻布局元宇宙等新技术，以技术创新驱动科技产业的可持续发展；着力强化重大项目牵引，强化技术成果的落地转化，促进研发生产线与市场营销线的双向联动，以技术成果转化促进科技与产业深度融合，加速科技成果向现实生产力转化，切实把丰富的理论成果有效转化为区域竞争优势。

1. 推动新一代信息技术创新应用

推动区块链应用。颁布《深圳市龙华区支持区块链产业发展若干措施》，明确区块链企业认定标准，设置财政专项补贴助力区块链企业、项目落地成长。加大区块链底层技术的研发力度，依据数字城区建设规则，改进分布式账本技术、智能合约和 P2P 网络技术，突破传统基础设施可记录、可追溯、可确权、隐私保护等的技术约束力，提升区块链技术与数字化基础设施的兼容性，为数字城区发展奠定技术根基。依托"智慧龙华"基础设施平台，科学制定"1＋N"配套信息化系统整体建设方案，即1个政务网区块链技术底座以及金融、市监、民政、水务、健康、司法、教育、文旅等多场景的N个区块链示范应用，逐步推进一批具有龙华区域特色的区块链应用场景示范落地。

推进5G规模化应用。在深圳率先印发《深圳市龙华区加快5G产业发展实施方案》，龙华正式组建了5G产业发展工作协调小组以及5G网络基础设施建设推进工作专班，建立"区、街道、社区"三级联动机制，创新实施"并联＋现场"审批，所有审批时长压缩至3天以内。重点攻坚毫米波技术、异构无线技术等基础技术及关键器的研发，研究5G频谱特性与光纤、Wi-Fi 6，按移动、固定状态及未来城市场景需求合理布局5G频谱与光纤、Wi-Fi 6，增强电子信息传播信号。以技术产业化为发展路径，提升5G技术在车联网、智能灯杆等多元领域的应用程度。在产业承载地层面，规划九龙山片区为深圳市重点打造的5G产业集聚区，全方位布局5G技术产业链，包括上游基站（含基站射频、基带芯片等）、中游5G网络建设以及下游终端产品应用，重点发展5G在工业互联网中的产业应用，尤其是在智能网联汽车、智慧园区等层面的融合应用，形成高效集约的5G产业生态。

2. 前瞻布局前沿创新科技

龙华前瞻布局区块链、细胞与基因、空天技术、可见光通信与光计算等未来产业，与各类科研院所共同搭建前沿学科和交叉研究平台、人工智能研发及生产技术服务平台等科技服务平台，重点与电子科技大学（深圳）高等研究院、区人民医院、中心医院等行业科研机构达成战略合作，共同突破下一代移动通信技术、量子信息、神经芯片、类脑智能、脱氧核糖核酸（DNA）存储、第三代半导体等新兴技术，推动信息、生物、材料、能源等领域技术融合和研发。

　　3. 引导创新要素空间聚合

　　龙华构建以先进制造业为主的战略性新兴产业体系，加快完成未来产业的空间部署。龙华根据核心承载区资源禀赋与产业创新基础，重点规划布局三大先进制造园区，完善未来产业空间保障体系。其中，九龙山先进制造业园区主要承载网络与通信、工业母机、半导体与集成电路、高端医疗器械产业发展；鹭湖－清湖先进制造业园区主导发展智能终端、网络与通信、激光与增材制造、安全节能环保、精密仪器设备产业；黎光－银星先进制造业园区则重点发展智能终端、新能源、高端医疗器械、工业母机、激光与增材制造产业。坚持未来产业集聚发展，集中突破信息技术的研发和应用瓶颈，为促进未来产业奠定坚实的保障基础。

4.2.5　开展全域未来城市场景试验

　　在明确龙华数字城区发展的方向下，龙华面向市场发布 24 项未来城市场景试验清单，以"政府主导 + 市场运作"的合作方式，构建多元合作的运营管理平台，为龙华在全域建设未来城市场景试验场提质增效，全面构建未来城市场景建设生态体系。

　　1. 发布未来城市场景试验清单

　　为贯彻落实"数字龙华"发展战略，龙华区在全市率先提出"全域未来城市场景试验。"2021 年，龙华区发布多项未来城市场景，其中包括深圳北站国际商务片区数字孪生试点场景、未来交通场景、未来生活场景、城中村综合治理场景、未来时尚场景、未来文旅场景、未来生态场景、未来办公园区场景等八大主题 24 项场景试验清单（见表 4 - 3）。吸引全球各类创新主体和前沿技术集聚龙华，进行研发创新、场景测试、方案优化、技术提升，并借助六大片区试点载体，深入开展未来城市试验区计划，打造人、城、产深度融合的城区典范。

表4-3 龙华全域未来城市场景试验清单

场景类别	建设目标	子场景名称
深圳北站国际商务片区数字孪生试点场景	构建科学运转、安全高效的整体"智"治场景。探索建立数据多维融合、可推演可复盘、以数据推动城市决策的治理新场景，实现从城市规划、建设到管理全生命周期的精准研判、精密智控和精细服务，整体打造决策更科学、管理更精细、出行更安全、信息更畅达的"未来城市之芯"	城市规建管一体化管理场景
		北站室内外交通疏散场景
		地下管网数字孪生监测场景
未来交通场景	打造车聪明、路智慧、人舒适的未来交通场景。构建路况感知、交通堵点治理等智能交通管理场景，试验自动驾驶、无人机配送、智慧物流、智能停车等未来交通新场景，打造人畅其行、车畅其道、物畅其流的陆空立体协同智慧交通体验区	无人机社区末端配送场景
		无人机楼栋接驳场景
		无人车智能配送场景
		智能网联及无人驾驶示范应用场景
		无人机辅助巡逻场景
		电动自行车全链条数字化监管场景
未来生活场景	构建温馨和谐、精致舒适、绿色安全的居家生活场景。从人的需求出发，推动日常起居更舒适、家庭活动更多元、居家养老更贴心，重新定义未来生活空间的深度、广度，打造快节奏城市生活中有温度、有活力、有内涵的未来城市"慢谷"	隔离酒店防跌倒检测场景
		全智能屋示范场景
		高空抛物智能监测场景
		智慧养老智能颐养生活示范场景
城中村综合治理场景	打造安全、有序、和谐、美丽的城中村综合治理场景。围绕民众最为关切的民生痛点，运用新技术充分消除城中村消防水平不足、乱停车、乱充电、高空抛物等治理顽疾，推动老旧城区焕发新活力	城中村高效停车示范场景
		电动车共享充电应用场景
		城中村AI智治场景
		城中村火灾风险智能感知场景

场景类别	建设目标	子场景名称
未来时尚场景	打造时尚前卫、品牌荟萃、创意云集的数字时尚新场景。构建云上可看、可感、可体验的时尚新场景，搭建时尚交流云平台，推出世界级时尚云产品，探索线上观秀、智能穿戴、AR 试衣等多元化时尚新场景，打造"中国数字时尚第一街"和"世界级时尚秀场"	未来时尚秀演场景
沉浸式运动体验场景未来文旅场景	打造全方位、多视角、跨时空的数字文化场景。推动传统文化资源与现代数字创意深度融合、线上云游与线下体验紧密互动，建设创意设计虚拟博物馆，探索线上云游、文创 DIY、全息再现历史事件等新场景，营造过去、现在、未来时空交错、虚实交互的数字文化体验	数字化红色文化展馆场景 观澜古真巧数字化展示馆场景
未来生态场景	打造水清岸绿、和谐共享、绿色低碳的未来生态场景。深入推进智能监测预警、弹性雨洪管理等生态治理新模式，营造人与景趣味交互的现代公园体验，探索氢电自行车、低碳酒店等新能源应用试点，打造更智能、更环保、更亲民的"三生共融"环境	氢电自行车商业化应用示范场景 深圳北站中心公园未来公园场景 都市农业场景
未来办公园区场景	打造高效、智能、便民、舒适的未来办公园区场景。深入推进智能机器人、都市农业、无人零售、VR 全景直播等未来办公新应用，营造绿色、低碳、共享、和谐的办公环境，让办公楼更高效率、更加智能、更富人情味	未来办公综合示范场景

资料来源：龙华区发改局发布的 24 项未来城市场景试验清单。

2. 建设未来城市场景试验场

深圳以龙华区为单元开展未来城市场景试验，聚焦"人的体验、城的融合、产的发展"，全域构建新技术、新产业、新业态、新模式示范应用场景，探求发展更有质量、运输更加智能、治理更加科学、生活更加美好的未来城市，加速打造未来城市发展实验田。龙华区基于数字技术优势以及数字基础设施建设，通过开展未来城市场景试验促进产业转移升级、提升城市治理水平，为新一轮城市建设发展提供参考性高、可复制性强的经验。2021年以来，龙华区编制区数字城区建设三年行动方案规划基础设施建设、召开全球新闻发布会宣布全域开放试验场景、发布未来城市场景试验八大主题24项具体场景需求清单、承办2021 SODIC全球开放数据应用创新大赛。围绕未来城市场景试验场的打造需求，完善相应的支撑体系。一是实施科技人才"攀登者计划"，通过经费资助、项目合作、外出研修等支持，引进更多国际一流科技领军人才和创新团队服务龙华。依托人才街区，建设中英双语的街区智慧信息服务平台，提供政务服务、创业孵化、人才安居等多元化公共服务。二是设立区级知识产权交易和科技成果产权交易中心，完善知识产权交易制度与规则，促进专利技术转移、转化与实施，加速专利技术的商品化和产业化。努力将龙华打造成数字基础设施高质量发展示范区、数字孪生城市建设前沿地、全球颠覆性技术竞技场、未来城市场景试验田和美好生活展示窗。

　　3. 构建多元合作的运营管理平台

　　采用"政府+企业+N"模式，推动多元主体协作、跨区域协同，打造开放式运营管理平台。龙华明确场景试验实施主体，统筹做好试验场景的区域遴选、设计组织、建设施工、科技导入、实验论证、成果验收和评价等工作，实现对试验场景建设的全周期全流程管理，确保场景建设落地生效。运用5G、大数据、云计算、人工智能等信息技术，以BIM+3DGIS、物联网、数据管理等为核心的CIM技术平台为基础，构建由基础层、中间层和应用层集成协同的数字孪生城市系统，实现多元主体需求的高效联结和精准计算，为跨政府部门协同、政企协同提供支撑，着力提升城市数据分析、管理决策的质量和效率。

4.3 龙华数字城区发展的成效

自 2020 年以来，龙华全面开展数字化城市建设，在体制机制优化建设、基础设施智能改造、数据平台性能提升、关键技术创新应用、智慧场景全面布局等方面成果显著。在体制机制层面，自上而下地完善数字化制度体系，并在细分领域分别设立工作专班，统筹专项工作推进。在基础设施层面，智能基础设施泛化布局，智能设施服务范围覆盖全域。在数据平台层面，基本实现中台终端互联协同、平台服务规模应用，中台体系的服务性能得到全面提升。在技术应用层面，关键性技术在行业应用日趋成熟，技术成果转化率提升，并前瞻性布局车联网等先进技术。在未来场景层面，多项未来城市场景在深圳北站等重点区域试验成效明显，智慧城市建设 2020 年、2021 年连续两年跻身"中国县域智慧城市百强榜"前 5 强。

4.3.1 数字城区统筹建设机制不断优化

1. 科学设计顶层架构

数字城区专班牵头编制印发《数字城区建设三年行动方案（2022—2024 年）》等系列文件，明确顶层架构、任务分工、努力目标及完成时限，搭建了较为完善的政策架构和指导方针。《数字城区建设三年行动方案（2022—2024 年）》明确"1 + 2 + 4 + 6 + N"建设框架，即通过全域推广 BIM 技术应用，加快建设信息基础设施及融合基础设施两类基础设施，优化完善数字孪生城市平台、大数据平台、物联感知平台及智能运算能力平台，推动六大重点片区数字化试点建设，落实公共管理、公共安全、公共服务、创新创业等领域 N 类数字场景应用，构筑龙华数字基建泛在互联、数字场景深度应用、数字运营反哺城市、数字幸福普惠民众的未来城市发展图景。

2. 深化细分支撑政策

5G 网络技术领域，龙华在深圳率先印发《深圳市龙华区加快5G 产业发展实施方案》，指导组建 5G 网络基础设施建设全覆盖工作专班。同时起草了《深圳市龙华区关于 5G 场景应用示范建设工作实施方案》，支持龙头企业联合下游应用企业，选取若干个细分领域作为"5G 融合应用示范区"，推动"5G ＋"融合应用创新发展。

工业互联网领域，先后出台了《龙华区工业互联网 2021 年工作要点》《龙华区打造全国工业互联网产业应用示范高地三年行动计划（2021—2023 年）》《龙华区支持工业互联网产业发展若干措施》等政策，提出要充分发挥工业互联网创新引领作用，带动形成智能化制造、网络化协同、个性化定制、服务化延伸、数字化管理等新业态新模式。

物联网领域，出台了《"智慧龙华"和"数字政府"第十四个五年规划》，明确要求加快建设泛在先进、开放物联的新型基础设施体系，利用 5G、物联网、区块链、云计算、大数据、人工智能等新一代信息技术全面赋能信息基础设施，发挥新型基础设施在龙华区经济社会发展中的基础性、战略性作用，推动物联网建设与智能感知设施部署。

人工智能领域，为打造"龙华人工智能产业核心区"，陆续出台《龙华区促进人工智能产业发展若干措施》《龙华区关于人工智能产业发展三年行动计划（2021—2023 年）》等政策，鼓励人工智能产业孵化器发展，支持人工智能应用产品和服务推广，奖励创新创业大赛获奖项目等，为人工智能发展提供了良好的政策环境。

区块链领域，出台了《龙华区关于打造区块链先行试验区三年行动计划》《龙华区 2021 年区块链建设工作要点》，鼓励区块链应用场景拓展，探索"区块链 + 政用""区块链 + 商用""区块链 + 民用"等场景的建设，着力推动民政管理、司法管理、住建管理等管理平台上云上链。

3. 成立专业领域工作专班

继龙华数字城区建设工作专班设立后，在细分领域分别设立工作专班，深入推进各细分专项的数字化建设工作，如在新型基础设施建设领域，成立龙华区新型信息基础设施建设工作小组，以区有关部门、街道为成员单位，统筹协调推进全区新型信息基础设施建设相关工作。工作小组办公室设在新型信息基础设施主管部门，具体负责推进新型信息基础设施日常工作，建立多部门协调工作机制，协调解决建设中的问题。在 5G 网络技术领域，组建 5G 网络基础设施建设全覆盖工作专班，负责推进 5G 网络建设工作，重点加强 5G 网络与应用场景的深度融合，结合"一圈一区三廊"发展规划，龙华在三大领域、13 个细分领域全面开展 5G 场景应用试点，重点支持"5G + 工业互联""5G + 智慧医疗""5G + 融媒体"等行业应用，形成示范引领效应，加速推进经济社会数字化转型，打造了一批特色 5G 应用示范场景。

4.3.2 数字基础设施高质量发展

政府部门、产业园区、企业等全域业务上云，打通龙华片区各类数据，构建城区级数据大中台，提升政府运行效率，助力优化营商环境，促进精细化治理。"十三五"期间，龙华新型信息基础设施建设总体保持平稳较快发展态势，主要规划目标任务按期完成，网络能力大幅提升，业务应用蓬勃发展，信息通信技术与经济社会融合步伐加快（见图 4 - 2）。

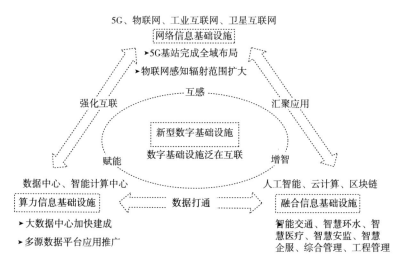

图 4 - 2　龙华数字基础设施建设体系

资料来源：作者绘制。

1. 网络信息基础设施泛在智联

一是 5G 基站完成全域布局。龙华在完成 5G 网络全覆盖的基础上，持续推动运营商开展基站优化、信号补盲、重点区域信号覆盖工作。截至 2022 年 3 月，全区已完成无线政务外网、云计算服务扩容等基座 30 个，建成 5G 基站 7784 个，布设多功能杆数 1178 个，开放公益及政务 Wi - Fi 数千个，全区城市家庭千兆光纤网络户数为 79.4 万户，千兆宽带覆盖率为 80.47%，基本实现全域优质通信及监管信号全覆盖。二是物联感知终端广泛部署。龙华系统建设并汇聚全区物联感知设备，物联网感知终端广泛部署到水电煤气市政设施领域，智能水表、智能电表、智能燃气表以及智能热量表使用范围持续扩大，2022 年上半年区大数据平台建

立数据共享、复用机制，汇集市区两级业务数据约 56 亿条，提供
1000 余个数据共享服务接口，物联感知平台持续推进，接入十大
类超 26 万台终端设备，总数全市第 1，率先全面打通公安、交通
视频监控资源，统一汇聚全区视频探头 4 万余路，实现全区视频
资源"一本账"。

2. 算力信息基础设施能级提升

初步建成全面汇聚政务、社会、互联网、感知等多源数据的
大数据平台，强化数据归集、融合、挖掘，助力可视化辅助决策
作用，实现数据的社会经济价值提升。2021 年，盘古数据、宝德
云计算、深圳报合等一批大数据中心已逐步落地建成，存算一体
的边缘计算节点建设持续推进，全年累计拥有机柜规模超 5000
个，推动算力"云边端"统筹供给和协同调度，基本实现政务数
据全部上云。2022 年上半年，数字平台建设有实质性进展，智能
运算能力平台涵盖 50 种算法，支持 20 余类场景识别，构建电动
车入户监测等 11 个智能新场景试点，为业务系统及基层治理提供
智能运算支撑。云计算平台持续扩容，支持全区 160 余个业务系
统迁移上云。

3. 融合信息基础设施协同智能

龙华抢抓基础设施高质量发展试点机遇，推动传统基础设施
"智慧＋"改造升级，2022 年上半年布设多功能杆 1178 个，着力
打造三大类、15 种应用场景，重点布局建设智能交通、智慧环
水、智慧医疗、智慧安监、智慧企服、综合管理、工程管理等，
实现传统基础设施智能化管理，如图 4 - 3 所示。

智能交通设施方面，着力升级交通运行监控，在交警本身的
自有数据和共享市交委等政府部门的数据基础上，龙华智慧交通
监管系统引入互联网公司数据和算法进行融合建设，将政府和
互联网的数据进行融合，实现了以大数据为支撑的全区交通运

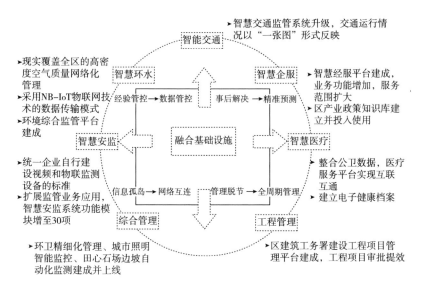

图 4 - 3 龙华融合基础设施建设体系

资料来源：作者绘制。

行状况的实时感知，并能清晰直观地在"一张图"上掌握全区的道路运行态势，实现重点车辆监测、拥堵分析与治理等十二大功能，有效破解了交通拥堵难题。龙华的交通治理实现了从"经验管控"向"数据化治理"的过渡转变，已率先成为深圳"条块联合"的交通管控示范点，在深圳各区创新应用方面处于领先地位。

专栏 4 - 1　"智慧龙华"交通管控平台

项目介绍

智慧交通是"智慧龙华"众多应用中体量最大的项目，分前端交通监控设施和后端平台建设两大块内容，总体投资超过 2 亿元，已共享深圳市交委、公安、网约车等数据，实现挖掘分析事故成因、出行规律分析、八类重点车实时监管等十二大功能，率先成为全市"条块联合"的交通管控示范点，在各区创新应用方面处于领先地位。

传统困境

过往，交警部门只能以红黄绿三色简单标注交通运行态势，交通管控部门对交通运行态势的实时掌控和交警快速处置能力较低。

建设成效

2018 年 5 月，智慧交通项目启动建设，2019 年 10 月完成初验。系统试运行至今。2020 年前三季度，与 2019 年同期相比，龙华交通事故减少 99 起，下降 41.42%；交通违法查处量减少 35441 宗，下降 5.2%。在深圳市机动车猛增、道路资源紧张的大环境下，龙华道路平均车速不降反升，从 2018 年的 37.3 公里/小时上升到 2020 年的 39.6 公里/小时，提高了 6.1%。

智慧环水系统方面，引进深圳中兴网信科技有限公司作为"智慧龙华"项目总包服务商，依托大数据、物联网、5G 和人工智能等技术，为龙华环水局量身打造智慧环水综合管理平台，利用信息技术提升环境管理能力，为区级"智慧环保"工程建设提供技术导向和框架。创新建立监测准全、解析快透、指挥精准、监管严实、监测评价闭环的精细化监管体系。龙华环水综合管理平台设有综合监测、综合管理、应急指挥、公众参与四大子系统，整体设计思路是整合环境相关的数据，利用大数据、5G、人工智能等技术手段进行模型设计，实现系统自动发现环境问题，通过平台指派问题、处理问题，形成整个环境问题处理的闭环，实现环境全要素统一监管，开启生态治理新模式。

专栏 4 - 2　龙华环水综合管理平台

项目介绍

龙华智慧环水平台率先使用物联网支持 NB - IoT 数据传输，在各个感知层设备上装载全球领先的移动技术终端，并搭载中移物联数据传输平台，实现了 5G 低配置版本在具体项目上的突破。平台整体设计思路是整合环境数据，实现了污染源与环保数据一张图可视效果。通过系统检测感知环境问题，平台上报处理、核查比对，形成环境治理的全流程闭环。

传统困境

管理部门对于区域环境管理、污染源监管的能力较低，区域环境质量状况得不到充分保障。

建设成效

龙华智慧环水平台，助力完善城市环境监管体系，发挥四大优势：全天候实时监测，为平台提供源源不断的在线数据支撑，"更快速"感知影响区域环境的监测指标，掌握环境质量状况；布设前端感知设备和监测站点，感知并实时分析环保数据，"更全面"洞察环境污染的过程和变化趋势，防范环境风险；一旦监测数据超标，系统自动生成告警任务并通知专人处理。"更有效"提升环境管理、污染源监管能力；结合 GIS 图层，直观展示监测数据和统计分析结果，"更智慧"决策区域环境问题，精准监管和科学决策。龙华智慧环水平台，通过发挥其快速、全面、有效、智慧优势功能最终达到改善区域环境质量状况、提升居民的生活质量和舒适度的目标。

　　智慧医疗设施方面，基于"114 工程"赋能，龙华区远程医疗项目建设以改善、逐步建立全区统一高效、资源整合、互联互通、信息共享、透明公开、使用便捷、监管有力的区域医疗卫生综合服务体系，实现区域医疗卫生电子化、医疗服务数字化、公卫管理网格化、信息服务智能化、安全保障一体化为目标。2021年，全区共规划设计接入 94 个点位：包括卫健局、3 家公立医院、3 家公卫机构、86 家社康（包含待规划 18 家）和信息化基建办。逐渐形成区域医联体，以医院为中心，帮扶基层社康服务中心，实现远程医疗服务，同时提升基层医护工作人员医疗服务能力。同时，为全区居民建立电子健康档案，包含了门诊、住院、检查检验、体检和公卫服务等全部数据，通过健康记录跟踪和提醒，帮助居民养成健康的生活方式。龙华已基本实现医疗服务平台互联互通，智慧医疗体系正在加快构建。

专栏 4 – 3　　龙华远程医疗服务体系

项目介绍

　　基于华为 CloudLink 云视频平台赋能，龙华远程医疗服务体系主要实现三大远程医疗服务功能，包括远程门诊、远程教学培训、远程监控预警，使远程医疗业务成为常态化应用，促进优质医疗资源的下沉与共享。

传统困境

　　以往，龙华区存在医疗资源分布不均，公立医院与其他医院、社康之间存在技术水平差异，监控预警效率滞后等普遍问题。

建设成效

（1）远程门诊功能。医护工作者也可以通过华为视讯软终端，随时随地接入远程医疗服务平台，参与远程会诊、视频会议等日常工作，大大提高医护人员工作效率。并可以通过网络调阅全区共享的电子病历、健康档案，查询各种医学文献，提高医院的医疗水平、医疗质量和工作效率。

（2）远程教学培训功能。采用华为先进的编解码技术，支持1080P、4K高清画面，结合合作生态的应用系统，构建远程教学培训系统，利用大屏、PC和手机端在线同步观看教学，在线知识专题点播、文档、问答等。

（3）远程监控预警。政府可以利用突发公共卫生事件应急指挥和处理平台，结合社会各方的资源，加强对突发公共卫生事件的监测和预警。区级卫生行政管理部门对各医疗卫生单位的监督、管理更加及时和准确，提高对整体卫生资源的调配能力，加强对疾病与疫情的控制，加强卫生监督，提高行业内的应急指挥处理能力。

智慧安监管控方面，推进智慧安监系统建设，构建"1+6+N"一体化监测预警指挥体系，实现防灾减灾、安全生产、应急救援等重点领域的全环节预警、监管和处置。智慧安监系统能基于视频监控、深度传感器和AI数据算法实现即时识别风险源，并对动态隐患实时监控。智慧安监主要包括安监业务系统、重点危化企业监控监测系统、安监大数据系统三项内容。统一了企业自行建设视频和物联监测设备的标准，率先将46家重点危化企业的监测数据，接入区视频共享平台和物联感知平台，实现了企业与政府的设备共用和数据共享，为后续加强监管打下基础；扩展了监管业务应用，功能模块增至 30 项，并开发了巡管移动 App，实现移动监管，对于"三小"场所可能存在的安全隐患，建设了巡管移动 App，实现"发现、核查、处置"全流程闭环，通过智能化填单、菜单式录入、指引式核采，建立电子台账，提高工作效率，巡查 1 轮由 90 天压缩至 60 天，为全区节省人力 100 人；完善了安全生产监管一张图，重点企业、风险点、隐患、应急资源分布等情况一图全面可知，通过大数据融合，对全区重点企业进行全方位的智能化监控监测，提升安全生产事故预测预判、风险防控及应急处置的能力，有效解决各类安全生产信息没被有效利用而形成的信息孤岛、企业安全生产主体责任落实难等问题，实现安全生产智能化监管。

专栏 4 - 4　龙华智慧安监系统

项目介绍

智慧安监主要包括安监业务系统、重点危化企业监控监测系统、安监大数据系统三项内容。其中，重点危化企业监控监测系统被深圳市应急管理局列为全市推广试点项目。

传统困境

传统的安全监控系统各自独立，信息孤岛问题存在，影响对安全生产事故预测预判、风险防控及应急处置的能力。

建设成效

其一，系统统一了企业自行建设视频和物联监测设备的标准，率先将 46 家重点危化企业的监测数据，接入区视频共享平台和物联感知平台。实现了企业与政府的设备共用和数据共享，为后续加强监管展开探索打下基础。

其二，系统扩展了业务应用，功能模块增至 30 项，并开发了移动端 App，实现移动监管，涵盖事前预防、日常监管、事后处置整个流程。以往巡查人员现场查看、事后录入的工作模式，成功转变为实时发现、实时上报，大大提高了工作效率。同时，系统还实现了与市安全管理信息系统的完整对接。

其三，系统在接入企业监测数据、市管理系统数据的基础上，充分汇集业务主题数据，依托"智慧龙华"大数据平台的资源与能力，建设了安监大数据系统。通过机器学习模型的方法对数据进行深入挖掘和分析，为风险管控、隐患排查、执法监察、事故处理、形势分析研判提供支撑，引导形成新的安全管理模式。

企业智能服务方面，重点打造智慧经服平台，实现企业服务智能化。2022 年，深圳市龙华区投资推广和企业服务中心打造的龙华区产业空间服务平台"龙惠企"在龙华区正式上线启用。"龙惠企"服务平台面向企业最核心诉求，通过大数据、人工智能等数字化手段，实现了市场信息和政府调控相结合，线上数据与线下资源相结合，政府公信力和社会公益性相结合，市场供给与市场需求相结合，更好地打造一站式服务。平台基本实现了政策查询、产业空间两大功能，平台内产业空间功能已有宝能科技园、大浪时尚小镇、星河 word、银星科技园等共计 39 家园区入驻。入驻的园区已上传的产业空间信息有近 2000 条可供区内各大中小企业匹配选用。政策匹配版块则已上传包括人才政策、企业帮扶政策、招商引资政策、科技创新补贴政策等共计 252 条惠企政策，可供企业和人才阅览匹配。

专栏 4 – 5　龙惠企一站式产业空间服务平台

项目介绍

龙惠企产业空间服务平台是面向龙华区内的企业和园区，帮助企业解决找空间难、享政策难的问题，支撑企业匹配产业空间的诉求，推动各级惠企政策落地落实，精准高效服务企业。

传统困境

以往政府与企业的信息传递渠道较为不通畅，一方面，政府的信息公布无法准确、及时地传递到每家企业；另一方面，企业查询政策信息的途径较为不便，其诉求意见往往不能有效传达到相关政府部门。

建设成效

龙惠企运营推广项目于 2021 年 12 月 15 日签约立项。在项目进行建设过程中，总计走访园区 36 家、企业 400 家，在区内企业宣传端口形成了良好的宣传势头，企业纷纷赞叹小程序在实际使用过程能解决许多以往令企业头疼的痛点问题。

在项目建设阶段，龙惠企运营工作组，累计新增"产业空间"信息 850 余条，其中写字楼信息 400 条、厂房信息 450 余条。产业空间信息的新增注入，累计增加"龙惠企"小程序阅览量 1200 余次，为龙惠企的实际应用使用提供了良性的持续宣传。

智慧综合管理方面，龙华利用智能运算能力平台提供场景预警、视频共享平台实现实时监控，以 AI 赋能快速响应城市治理问题。建成并上线环卫精细化管理、城市照明智能监控、田心石场边坡自动化、公园管理系统 4 个系统，实现对环卫工作、路灯、田心渣土受纳场、公园等全面智能化监管，路灯管理自动化、电子化，对田心渣土受纳场的位移、滑坡、降雨量等数据实时监测，确保人员、财产安全。

工程项目智能管理方面，龙华区打造建设工程项目管理平台，涵盖项目管理的全生命周期，2022 年上半年已运行工程项目 600 余个，审批事项 2 万余条。其中，观澜街道在全国镇（街）一级率先构建了政府投资项目数字化管理系统，实现了政府投资项目管理高效化、自动化、精细化、科学化、少人化、完备化"六化"改革。除交通管控平台、智慧城管系列项目、环水综合管理平台，其他城市管理领域的基础设施也在持续推进智能化建设，全面实现了城区管理智能化，让城市空间可感知、可触及、可分析、可预测。

4.3.3　数据平台服务性能提升

以夯实数字基础设施底座为目的，龙华正在加快建立健全适配型数字中台操作体系。截至 2022 年上半年，龙华初步建成区块链底层技术平台及"智慧龙华"云计算平台，物联感知平台与全域设备互联度增强，智能算力平台在社会治理场景加快推广应用，适配型数字中台操作体系初步建成（见图 4-4），基本实现中台终端互联协同、平台服务规模应用，中台体系的服务性能得到全面提升。

1. 区块链底层技术平台建成

龙华持续扎实推进区块链技术服务底座建设，为政务网区块链场景应用提供共性安全支撑，基于"统一 BaaS 区块链基础服务平台""区块链智能合约安全增强平台""可信数据共享交换服务

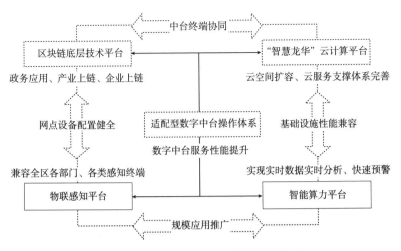

图4-4 龙华适配型数字中台操作体系

资料来源：作者绘制。

平台""区块链应用通用组件平台"等区块链平台的完善，极大地降低政务应用、产业上链、企业上链的成本，简化区块链构建和运维工作，为龙华各领域、各产业、各场景"+区块链"应用打造统一的底层网络架构和基础设施。积极探索打造"区块链先行试验区"。龙华于2020年开展区块链先行试验区的建设工作，率先探索区块链在政务、民生和金融等场景的广泛应用。深圳市龙华区区块链孵化器、深圳市龙华区数字经济产业协会已揭牌成立，并已引入腾讯数字经济有限公司等14家区块链企业落户龙华，正在办理注册手续的企业有10余家，有意向入驻龙华的企业超过20家。龙华区的区块链布局已经完成了从政策导向、产业赋能到前沿共创的完整闭环。

2. "智慧龙华"云计算平台建成

龙华已打造三层架构的云计算平台，2022年上半年全区各单位的160余个业务系统已迁移上云。加快推进智慧全栈云平台的建设工作，在现有虚拟化云平台建设基础上，重点对龙华全栈云基础资源进行扩容，同时完善云服务支撑体系，满足龙华全栈云迫切的业务应用上线、资源共享及统一运维等需求。为提升本土产业的全球产业链、供应链自主可控能力，龙华结合"智慧龙华"的计算、存储、网络、安全需求，打造了诸多云数据中心。在清湖数据中心和区政府数据中心基础上，建设"智慧龙华"云数据中心，为龙华的建设发展提供有力的 IT 基础设施保障。另外，创建资拓龙华云数据中心，拟定位为打造物流云计算创新中心，主要能效指标 PUE 值为 1.242，拟替代 360 个老旧机柜，合计替代能源消费量 2056 吨标准煤，提供云基础设施服务、云应用增值服务，以及相关的产业链上下游服务。

3. 物联感知平台互联增强

通过以租代建，搭建了全区统一的物联感知平台，平台兼容三大运营商网络和七大类标准协议，底层物联感知设备能够通过各种方式接入平台。平台已纳入空气、水、消防、路灯、安全用电等 25 个感知设备，危化品企业、污染源企业、油烟企业等 10 大类超 27 万终端设备，总数全深圳市第 1。通过已汇聚的全区物联感知设备，最大限度纳管全区各部门、各类感知终端，率先全面打通公安、交通视频监控资源，统一汇聚全区视频探头 4.3 万余路，拥有了全域感知、深度思考、快速行动、确保安全的能力，创建了立体化、全方位、安全可控的"感知龙华"。

4. 智能算力平台应用推广

建设基于"云、边、端"分布式一体化计算架构，对龙华区算力资源、算法及数据进行统一调度和统一监控，并实时提供预警信息。在深圳率先推出智能运算能力平台和视频共享平台，依托全区近 4 万个视频点位，运用人工智能技术，对需要关注的视频数据进行实时分析，并提供预警功能，真正实现了对违法违规事件实时发现、实时处理。以智能运算能力平台提供场景预警，以 AI 赋能快速响应城市治理问题，不仅有效提高了一线工作人员工作效率，使一线执法人员和基层工作者掌握信息、部署处置各类突发情况，还极大地提升了城市治理的效能。龙华区智能运算能力平台已经实现对国家公布的 65 类社会治理场景中 20 多类场景的识别，涵盖工地安全帽、人脸识别、危险品车辆、横幅标识等，识别准确率达 90% 以上。此外，"视频 AI 应用"通过 24 小时不间断运作，为网格员提升巡查效率。依托智能运算能力平台，"视频 AI 应用"全程由数据说话，治理过程由此变得更加阳光透明。同时，借助智能视觉可以对重大事项的时间节点等进行分析汇总，寻找城市治理的规律，推动治理走向精细化。

4.3.4 关键数字技术应用成熟

数字技术的政策体系日趋完善，关键性技术的成果转化逐步成熟，系统、芯片、终端等产业链主要环节已基本达到商用水平，具备了商用部署的条件。龙华千兆光纤网络基本实现全域覆盖，区块链技术应用成熟度提升，物联网实现规模化应用，BIM 技术在全域推广应用。龙华进一步重点布局前沿技术融合创新，实现5G 网络超前部署、车联网技术系统迭代。

1. 区块链应用场景落地

2020 年龙华发布了全国首个"产业区块链应用示范清单"，涵盖城市建设、社会治理、产业发展等方面的 12 个落地场景，已有 10 个应用项目完成立项。其中卫生健康信息链项目基于区块链技术实现医疗健康关键信息上链存储，建设医疗健康分布式账本平台、医疗健康区块链数据平台、医疗健康区块链应用系统、社康信息系统本地化部署等，实现公共卫生和医疗服务的融合。

2. 物联网实现规模应用

随着网络覆盖不断加强、感知终端广泛部署、平台建设初步建成，物联网技术逐步广泛应用在龙华区城市公共设施各个领域。龙华公安分局雪亮工程项目在全区新建 2100 个一类点高清探头，对 1010 个二、三类点监控中心进行联网，强化社会治安立体防控体系建设，推动全市公共安全视频监控整合共享服务平台建设。龙华环水综合管理平台，部署建设了微型空气质量监测站、水质监测站等前端物联感知设备，接入空气质量、油烟企业、噪声等数据，实现空气、水、污染源一张图，数据赋能环境质量提升。龙华区中心医院针对应急工作开发的"蓝牙物联网体温监测系统"被《人民日报》评选为 2020 中国数字化转型成功案例。

3. BIM 技术应用深化

在 BIM 技术应用方面，2022 年上半年龙华基本完成 66 个项目的 BIM 模型，54 个项目正在开展 BIM 建模工作（含 24 个正向 BIM 设计项目），20 个项目 BIM 模型已导入市 CIM 平台。BIM 平台建设方面，向市住房建设局申请将龙华区作为试点，开展龙华区项目 BIM 模型在新报批报建系统运行测试，为全市项目开展 BIM 报批报建积累经验；在 BIM 示范试点方面，高标准推进龙华设计产业园总部大厦、梅观创新产业走廊福城观澜产业地块等示范项目，加快建成样板标杆，提高建筑产业数字化、智能化水平；在模块化建筑方面，推动 BIM 技术应用与模块化融合，在非应急性模块化建筑项目采用 BIM 技术报建，编制《龙华区关于推进落实模块化建筑发展的试点方案》，加大辖区模块化建筑推广应用力度。

4. 车联网技术系统迭代

龙华深入建设与完善"人—车—路—云"协同车联网新型基础设施体系，在全区范围内部署公交、泥头车等车载终端以及云端基础设施前提下，通过打造一体化的云端运营平台，推动城市道路智能化改造，重点推进 C－V2X 示范应用网络建设，率先投

运粤港澳大湾区首个车网双向互动示范站点（V2G），实现汽车和
交通服务的新模式、新业态发展。

4.3.5 未来城市场景建设格局逐步成型

龙华以未来城市场景建设应用为突破点，配套建设数字信
息平台与新型基础设施兼容的数字底座体系，全域未来城市场
景试验体系正全面推进，未来城市场景建设格局逐步成型（见
图 4 - 5）。

图 4 - 5 龙华未来城市场景建设格局形成

资料来源：作者绘制。

1. 多个示范性数字场景成功落地

以 BIM、CIM、数字孪生等技术为抓手，前瞻布局信息基础设
施及融合基础设施，着重提升城市虚拟空间、公共服务供给、产
业服务升级、城市社会治理以及生态环境优化等五大领域的数字
化水平，立体空间场景得到实质性的开发应用。2021 年 8 月发布

场景需求清单以来，已有（美团）无人机及无人车智能配送、隔离酒店防跌倒监测、南方电网粤港澳大湾区首个 V2G（车网互动）示范站等多个场景成功落地；深圳北站未来公园、国内首个氢能电动（美团）外卖车商业化应用示范等场景预计 2022 年底建成。

2. 重点片区试点场景建设取得突破进展

深圳北站国际商务区片区方面，基于 CIM 技术建设数字孪生城市平台，实现了工程项目规划设计、建设、管理全流程精准智控。围绕北站枢纽，打造了集实时监测预警、安全管控等于一体的智慧交通系统，龙华城市客厅已建成开馆。

九龙山数字城突出产学研特色，促进"园区 + 校区 + 社区"三区融合发展，通过提供共性技术和关键技术研发创新公共服务，已规划落地一批公共技术平台、研发设计平台、公共试验平台等，形成集科技创新、成果转化与技术服务等功能于一体的未来产业梦工厂。

鹭湖中心城通过推动建设"架空层 + 屋顶花园 + 地下场所"的立体公共空间，逐步建成集数字观影、无感借还、全景文化展示于一体的公共场馆、未来学校、未来医院等公共设施，基本公共服务体系正趋向数字化转型。

龙华国际商圈加快构建智慧零售及智慧配送基础设施，建设了数字地图、支付系统等功能型平台，实现商圈智慧化融合、消费数智化、管理数字化。优化完善商圈智能感知、网络传输及数据资源等信息基础设施，打造 3D 虚拟商圈和无人零售商店，提升消费者体验感和商圈服务能级。加快依托龙华区重点片区数字开发建设平台（龙华超级商圈试点），提升城市更新智能辅助决策水平，探索片区开发建设项目可视化统筹管理，集成客流数据、消费数据等数据，实现游客画像、商户分析、应急处置等商圈智慧化管理。

　　大浪时尚小镇已完成数字时尚体验，加快数字时尚、数字电商、数字体验展示相关部署建设，加大试验 3D 虚拟服装设计、柔性制造、AR 试衣和 3D 走秀等新技术，大浪时尚秀演等多个场景成功落地。

　　观澜文化小镇推动历史资源与文化创意融合，通过线上游戏、媒体平台、三维数字技术等多种手段，实现全域虚拟导览、线上 IP 创意互动、全息再现历史风貌等场景。

CHAPTER 5

龙华的数字
治理发展

龙华以互联网、大数据、人工智能、5G等新一代信息技术为基础，以数字孪生应用为重要支撑，以党委政府为主导、多元主体协同参与为组织形式，以不断增进公共利益、提升民生福祉、促进经济社会发展为最终落脚点，以数字化、智能化、精准化、人本化、法治化为特色，形成了统合治理型数字治理模式，走出了一条"党委领导、政府负责、数据支撑、协同治理"的龙华路径。龙华的数字治理模式增加了民众获得感、激发了民众幸福感、提高了民众安全感。

5.1　数字治理发展的龙华模式、路径与特色

5.1.1　数字治理发展的龙华模式

数字治理是将互联网、大数据、人工智能等现代数字技术与治理理论融合的一种新型治理模式（郑磊，2021）。从广义上，数字治理是指在数字技术的助力下，对社会和经济资源的综合治理，涉及影响公共部门及其管理过程的一系列活动，扩展政府与社会其他主体的相互沟通和互动机制，推进社会共治。从狭义上，数字治理也指政府、公民及以企业为代表的经济社会在内三个主体依托数字技术的运用进行的参与、互动与合作（黄建伟和陈玲玲，2019），以期提高民主化程度。既有的数字治理的研究逻辑是推进重塑政府与社会、政府与市场的关系以及深层次的政府治理流程。

中国治理结构是一个包括党委领导、政府负责、社会协同、公众参与的横向关系与中央到省、市（县）、镇（街道）及村（社区）的纵向层级相互交织的立体化体系。该体系的协同效应高度依赖横纵结构中不同类型组织之间的联结和协调。事实上，条块分离的科层组织难以处理部门协调问题，而党组织因其对科层组织的嵌入在治理体系中占据结构性位置（贺东航和孔繁斌，2011），因此，健全的党组织体系在中国社会治理中发挥纲举目张的作用。2015年，习近平总书记提出"要把加强基层党的建设、巩固党的执政基础作为贯穿社会治理和基层建设的一条红线"。党的十九大报告和十九届四中全会进一步强调，"完善党委领导、政府负责、民主协

商、社会协同、公众参与、法治保障、科技支撑的社会治理体系"。可见，党组织及其体系是中国社会的主要结构性特征。

龙华自 2018 年开始，创新性的将党组织作为治理主体嵌入数字治理框架中，借助科技力量，着力将党建的传统优势与新一代信息技术有机融合起来，积极构建"党建＋科技＋治理"模式，在社区治理、社区服务、基层群众自治等层面形成了政党、群众、社会等多方力量协作治理的体系，推动组织优势、科技优势转化为治理优势。2021 年 7 月，"党建＋科技＋治理"龙华模式被国家发改委列为深圳经济特区创新举措和经验做法在全国推广。龙华由党组织引领数字治理的组织机制，异于经典数字治理研究中政府、市民社会和经济社会三主体的横向秩序，我们将这种由党组织作为治理主体，通过数字技术赋能机制，不仅促使数字技术嵌入政府科层制以推进治理结构再造、业务流程重塑和服务方式变革，还构建了新型党政—社会关系、党政—市场关系、数字—社区关系、数字—民众关系，以人民群众获得感为衡量的为民服务模式归纳为统合数字治理模式。

5.1.2 数字治理发展的龙华路径

统合治理概念来源于已有研究中对政党统合制和统合型治理的讨论（何艳玲和王铮，2022），是以党委为中心，通过重塑结构和整合资源克服官僚制缺陷的一种政治机制，旨在完成综合性和紧迫性的中心工作（欧阳静，2019）。本书提出的龙华统合数字治理模式即以党委为核心主体，通过政府负责，以政府数字化转型牵引治理数字化协同；借力数据支撑，以大数据驱动体系化、源头性治理；推进协同治理，以多元主体实现社会共建共享，坚持从群众需求和治理突出问题出发，努力让城区治理更科学、更精细、更智能、更高效。不断探索之下，龙华走出了一条"党委领导、政府负责、数据支撑、协同治理"的数字治理发展路径。

1. 统合数字治理的党委领导：以党建引领激活基层治理效能

统合治理的核心特征是通过党组织自身能力的强化来实现网络构建、社会培育的任务，其中强化表现为参与治理的主体、机制均生发于体制自身，包括党的组织体系发展和党员资源的重新调用两个方面（何艳玲和王铮，2022）。

首先，以党组织体系为依托，吸纳治理的社会力量。基层党组织在基层治理中处于核心地位，发挥着中流砥柱的作用。基层党组织既要贯彻党的决定、宣传党的主张、团结动员群众、推动改革发展，还要领导基层治理（布成良，2020）。社区治理过程中，龙华已实现全方位全渠道的党建引领格局，构建多方联动格局，实现政府治理同社会调节、居民自治良性互动。

其次，以协商平台为中介，发挥党组织的社会治理作用。协商治理是党的群众路线在社会治理的重要体现，涉及人民群众利益的大量决策和工作。因此，让社区协商治理成为宣传党的路线方针政策的阵地，把协商治理工作机制优势转化为基层社区治理新效能，关键是完善党对社区协商治理的引领机制。在党建协商平台建设上，龙华依托数字技术，深入推广"党建引领数字治理"智慧分拨应用平台。优化完善事件处置流程，进一步厘清区、街道、社区权责边界，打造接诉即应、智能分拨、精准派单、闭环督导的社会治理模式。

最后，统合党员资源与网格管理，提高治理的精细程度。随着新型组织和流动党员的增加，党组织面临的首要挑战是党组织覆盖能力的减弱，党的工作覆盖能力和影响能力随之下降。但新形势下社会治理又要求社会公共服务的全面化、社会利益的综合化以及社会参与的多元化（李威利，2017）。2021 年 2 月，龙华观澜街道探索构建"社区—街区—网格"三级立体网格化治理架构，实现社区党建的全覆盖和网格化，不仅健全了党的组织体系，而且起到了基层党组织"划块明责"的作用。

2. 统合数字治理的政府负责：以政府数字化转型牵引治理数字化协同

龙华在数字政府发展中，充分发挥大数据在服务创新、治理创新中的重要作用，从政务服务供给侧改革出发，运用大数据、物联网、AI 等新一代信息技术，推进政务数据跨地区、跨部门、跨层级互认融通共享，实现各职能部门的各种资源高度整合，为全区"互联网＋政务服务"可持续发展提供关键的支撑环境，促使在线办理趋于成熟，服务方式相对完备，服务层级全面覆盖，推动政务服务从"可办"向"好办"转变。龙华数字政府建设注重"一网化"联动管理体系构建（见图 5－1），持续优化政务服务"一网通办"、政府治理"一网统管"、政府运行"一网协同"。龙华聚焦"一件事一次办"，纵深推进政务服务流程再造，更大力度减环节、减材料、减时间。

"一网通办"主要是通过全面深化"放管服"改革，建设更高质量"互联网＋政务服务"，实现 100% 政务服务事项"网上可办"；全面深化营商环境综合改革行动，围绕企业全生命周期提供智能化精准服务。

"一网统管"通过强化信息技术在生态治理各领域的监测、预警、跟踪、应用、处置和服务闭环，全面提升对各类风险的防范和治理能力；通过推进"互联网＋监管"部署，加强市场监管信息化建设，强化新型监管模式，不断提升市场治理体系和治理能力现代化水平；完善"党委领导、政府负责、民主协商、社会协同、公众参与、法治保障、科技支撑"的社会治理体系，推动现代科技与社会治理深度融合。

"一网协同"主要是建设经济大数据综合平台，全面融合汇聚经济领域的相关数据，为经济分析提供坚实的数据基础；推动深圳北站五大重点场景应用和数字孪生平台建设，构建龙华全区统一的数字化三维空间框架；推进政府机关内部数字化进程，推动内部业务协同流程再造，创新政府内部办事模式，提升政府数字化履职水平。

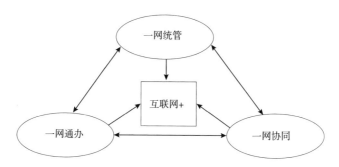

图 5 - 1　龙华数字政府"一网化"联动管理体系

资料来源：作者绘制。

3. 统合数字治理的数据支撑：以大数据驱动体系化、源头性治理

信息时代，数据开始成为一种动态资源，并引发数据隐私安全等一系列公共问题。面对由当前海量数据建构出的与现实世界并行的数据世界，传统的治理模式是无力的。数据在存在形态和价值使用方面异于其他生产要素，因此政府在运用数据要素驱动数字治理发展中发挥至关重要的作用。一方面，数据连接着数字治理的各个环节和多个主体，当主体间的利益发生冲突时，需要政府介入协调；另一方面，数据要素的聚集和使用具有突出的规模经济性，当市场主体形成垄断，甚至过度和非法使用数据时，需要政府介入监管。

统合数字治理的数据支撑包含了双重内涵：一是依数据的治理，意为数据为治理构建新场域，推动治理主体在开发和应用数据资源的过程中安排和开展社会治理。龙华区数字治理以高效处置一件事为目标，探索源头性治理。整合各类网格，整合各类力量，统一事件入口及出口，重新定义事件的发现、分拨、协同、处置全流程。二是对数据的治理，其治理对象是明确的，即数据。基于政府数据治理的视角，龙华区在城市治理过程中，加强政务数据生产标准化，健全数据资源管理体系，完善数据共享利用机制，深化公共数据开放增值服务以及建立健全数据保护机制。

4. 统合数字治理的协同治理：以多元主体实现社会共建共享

协同治理涉及不同区域政府之间、政府部门之间以及政府、企业和公众之间的协同合作与共建共享。解决的核心问题是区域一体化趋势以及公共事务跨界性与既有行政区域界限之间的矛盾，龙华借助数字科技力量，构建"云雾协同治理"，打造市域社会治理现代化试点城区。部门和层级协同治理解决的核心问题是如何促进政府内部业务流程的精简化和组织结构的扁平化，龙华区搭建党建引领下的多元共治协同平台，构建共治资源库，实现一键可动员、一键可调度。政府、企业和公众的共建共享协同合作解决的核心问题是建立沟通平台提高信息的透明化、公开化以及责权的规范化促进公民参与。龙华已建成线上线下一体化的"共治+服务"综合体，丰富"i龙华"应用，强化居民自我管理、自我服务，实现由"他组织"向"自组织"转变。建立健全三级矛盾化解体系，整合多方力量推动多元联动联调。

5.1.3　数字治理发展的龙华特色

党的十九大报告指出，必须坚持和完善中国特色社会主义制度，不断推进国家治理体系和治理能力现代化。国家治理现代化的旨归即为实现国家和社会的善治。换言之，我国对社会治理体系的改革和建设已上升到了国家治理战略转型的高度，是实现国家善治的关键举措。信息化的持续推进重塑着政府与社会、政府与市场的关系以及深层次的政府治理逻辑，数字治理逐渐成为行政管理改革的重点。我国地方政府也在治理实践中进行了数字治理的创新探索与试验，形成百花齐放、各有特色的生动局面。本书基于经济社会发展水平、资料来源的便捷性以及建设模式的创新性和典型性三个方面的考虑，选取北京市西城区、上海市闵行区、杭州市萧山区为案例代表，论述上述地方政府数据与国家治理的融合模式，基于此提出深圳龙华区数字治理的特色模式。

1. 北京市西城区

数字社区 + 网格管理。北京西城区西长安街道顺应城市基层治理改革趋势，结合网格化管理和智慧社区理念指导实践，应用"数字红墙"智慧政务分析系统，对基层社区治理的智慧化、信息化展开一系列探索。在组织架构上，北京市西城区西长安街街道于 2016 年组建了大数据中心工作领导小组，提升治理主体服务为民的数据意识。在多元主体参与上，街道以四级网格化为基础，将公安警员、流管员和网格信息员整合为一支有效的队伍，为基层社会治理迈向智慧化提供保障。在技术应用上，街道与企业合作，打造智能感知城市治理平台。平台依托"多网融合"综合网格化管理理念，统一辖区一张图和数据信息标准，健全数据采集更新机制，形成了完善的街道基础信息数据库，整合街道基础数据，使其互联互通（白燕玲，2021）。

2. 上海市闵行区

数字技术 + 数字政府。2020 年 3 月以来，闵行区借势上海市数字政府建设政策以及本地网格化治理的经验，统合网格化综合管理中心平台和联勤联动工作机制，着力构建区—街镇两级数字治理平台，实现了区、街、镇、处置网格和自治网格四级应用平台的统筹推进。具体来看，在顶层设计上，闵行区先后出台了《城市运行"一网统管"建设三年行动计划》《关于"一网统管"

建设联合会战的实施方案》等多份文件。进一步，闵行区将数字治理的目标设定为智能管理、精准预判、高效处置的完整系统。在组织结构上，闵行区以科层制为基本框架，利用压力型体制将治理任务层层传递给基层执法部门和自治网格，依靠数字通信技术和"指标""考核"实现治理目标的实现和治理任务的落实（李汉卿和孟子龙，2022）。

3. 杭州市萧山区

大数据＋网格化管理。杭州萧山区盈丰街道，通过打造"邻里治"（"盈丰里"）数字化平台，实现自动化数据采集、标准化建模计算、可视化指挥调度、便捷化居民服务，提高基层治理质效和精细化水平。基于"盈丰里"平台，街道一方面构建了标准化、易用式的数据录入体系，提升基层人员办公效率；另一方面，通过多数据端齐用触达居民，让居民对社区工作可感、可观、可管。同时，街道结合实际，通过资源整合，打造街道—社区—居民网格化管理服务闭环，以居民个体为"神经元"，以楼宇、社区为"毛细血管"，实现了各条线数据信息横向纵向贯通，并为街道精准管理、科学决策提供数据支撑。

综合上述实践可以看出，北京市西城区、上海市闵行区以及杭州市萧山区在数字治理建设中一方面关注通过信息技术的运用来解决政府社区管理中的碎片化、低效化的问题，进而提升政府管理绩效；另一方面关注信息技术如何扩展政府与社会其他主体的相互沟通和互动机制，推进社会共治。然而，中国城市社区治理最本质的特征是基层党组织的领导。加强基层党组织建设，切实发挥其领导核心作用，是创新城市社区治理路径的关键。在城市社区建设中，深圳市龙华区探索构建了"党建引领、协同共治、数字赋能"特色模式，将党建主体嵌入数字治理框架中，将数字赋能于党建引领社区治理的逻辑中，将多元主体协同共治贯穿于治理过程中，有效推动组织优势、科学技术转化为治理效能。创新性弥补了数字治理视阈下党建地位的缺失，激发党建引领和数字治理的协同，促进了党建引领、基层治理、科技赋能的融合。

4. 深圳市龙华区

党建引领＋协同共治＋数字赋能。龙华数字治理是从体系、架构到流程的整体改变。《龙华区数字治理三年行动计划（2022—2024 年）》的颁布，彰显了龙华将数字治理作为更深层次、更宽领域、更大力度推动治理体系现代化和治理能力现代化的重要抓手，作为龙华探索数字政府、智慧社会建设的试验田，作为先进理念与创新科技在城市落地实现的全球样板。龙华数字治理试点工作开展以来，深耕党建引领、加强协同共治、坚持数字赋能，开辟出一条独具龙华特色的数字化治理"新航道"。

谋定后动"党建引领数字治理"率先探路。建设"智慧龙华"的同时，龙华同步启动"党建引领数字治理"探索，将党建的传统优势与新一代信息技术有机融合，推动组织优势、前沿科技转化为治理效能。如设计开发"i 社区 码上办"智慧服务平台，全区推广"党建引领数字治理"智慧分拨应用平台，制定社会治理事项分级分类标准等。

协同共治"高效处置一件事"触发蝶变。龙华数字治理的特色之一是围绕"高效处置一件事"，整合各类网格、各类力量，统一事件入口以及出口，重新定义事件的发现、分拨、协同、处置全流程。通过事件的统一采集与汇聚，规范采集标准，消除不同部门对同一事件处理的差异。

数字赋能"扬起数字转型风帆"助力城市治理。数字治理是一场深刻且系统的革命，是涉及战略、组织、管理、人才等方面的系统革命和创新。数字治理应从传统的管理方式向重构治理体系、架构、流程转化，各部门、各层级各司其职、各尽其责、各级需要支持的时候能够快速响应，获取资源与支持。龙华数字治理在全区一体化基础底座支撑下，充分发挥数字孪生城市平台优势，开展数字治理业务场景及配套机制建设，实现虚实融合、线上线下融通的治理新模式。

专栏 5-1　龙华观澜街道"智"理社区

广东省深圳市龙华区观澜街道，位于龙华区东北部，辖区面积约 33.74 平方公里，街道下辖 10 个社区。截至 2020 年，观澜街道常住人口 21.89 万人，其中户籍人口 1.16 万人。2022 年以来，龙华区观澜街道在党建引领下，依托数字技术治理应用平台，打造数字治理的"观澜样本"。

党建引领方面。2019 年以来，观澜街道积极探索基层治理新模式，率先提出党建引领"精治街区"基层治理。具体来看，观澜街道将大社区划分为"小网格"，将辖区的 10 个社区科学划分为治理单元，完善"社区—街区—网格"治理体系，动员机关党员、"两新"党员进格，构建"组团式""专业化"党群精准服务新模式，旨在推动基层治理的精细化、高效化、多元化。2021 年至 2022 年 7 月，累计有 1700 多名党员、40 多个社会组织与社区党员混合编组就近沉入红色网格，形成了 238 个红色网格治理矩阵。

协同共治方面。观澜街道按照"一街区一理事会"的标准搭建了 59 个街区共治理事会，成员由街区指导员、网格长、理事组成，聚焦群众关心的、重要的民生实事，定期开展民主协商。截至 2022 年 7 月，观澜街道累计召开了理事会会议 164 次，讨论解决居民难点痛点问题 242 个，累计服务群众超过 10 万人次，打造了一批共建共治典型。

数字赋能方面。观澜街道 122 个卡口监控视频已全部接入龙华区视频汇聚平台，同时启用了未佩戴口罩识别、人群聚集、车辆违规闯入等智慧应用场景的 AI 识别功能。据统计 2022 年以来，各类信息化平台共处置群众诉求建议案件 825 宗，消除各类安全隐患案件 5281 宗，受理化解群众矛盾诉求 2324 宗，接听便民服务热线 2000 余次。基本做到"大事不出社区、小事不出网格"。

5.2　龙华推动数字治理发展的举措

5.2.1　完善顶层设计和治理体系

龙华坚持顶层设计，从全局出发、从整体着手，全区上下"一盘棋"，努力构建"以人为本、精细高效、协同敏捷、实用为先、多元参与"数字治理体系。

1. 谋划顶层设计

2021 年 7 月，龙华区发布《"智慧龙华"和"数字政府"第十四个五年规划》，以系统工程理念，立足"一网通办""一网统管""一网协同"目标，为各级政府治理体系和治理能力现代化提供支撑。2022 年 4 月，龙华区政府出台《龙华区数字治理三年行动计划（2021—2024 年）》，进一步加强全区数字治理统筹规划和整体建设，践行"融通、集成、协同、再造"理念，为未来龙华数字治理演进升级勾画蓝图。自龙华区委、区政府部署"三位一体"建设"数字龙华"以来，全区数字治理路径越发清晰，规划统领越发明确，龙华全面开拓数字治理发展的新格局即将到来。

2. 完善数字治理工作机制

2022 年 3 月，龙华区成立由主要领导挂帅的数字治理建设领导小组，高位推进全区数字治理工作。通过组建数字治理建设领导小组，实行区委组织部、区委政法委、区政数局"三驾马车"共同发力，联合各成员单位齐心协力，构建上下贯通、协同联动、齐抓共管、高效运行的数字治理体系。相关机构成立以来，着力组团队、搭框架、打基础。一方面，细化完善工作机制。发布《关于数字治理建设工作有关事项的通知》，进一步明确区数字治理办和全区各单位在数字治理建设中的职责分工，细化区领导小组及办公室议事机制。发布《关于数字治理相关项目审核有关事项的意见》，对数字治理相关项目申报、审核流程加强衔接和规范。另一方面，谋划启动顶层设计。调研梳理数字治理建设思路，联合数字行业前沿机构研讨发展趋势，探索视频 AI、5G 等技术应用场景。谋划搭建全区统一的数字治理底座。

3. 构建数字治理指挥体系

2021 年 8 月，龙华正式启用"区—街道—社区"三级数字治理智慧中心，构建了"1（区）+ 6（街道）+ N（职能局）"数字治理指挥中心，这标志着数字治理建设在龙华全面铺开。2022年，龙华区在数字治理大脑基础上，进一步加强数字治理统筹规划和整体建设，构建"1 + 3 + 5 + N"数字治理体系（见图 5 - 2），以提升龙华数字治理的系统化、整体化水平。

"1"即一个治理大脑。治理大脑是各类治理渠道的总入口，是治理领域跨层级、跨系统、跨部门、跨业务专题应用的总载体。龙华已完成 50 个社区数字治理指挥中心建设，形成"一体管全局"的多层级、立体化数字治理指挥体系，通过协同业务、对接系统、共享数据，努力打造管理科学、全区一体的"一网统管"体系，形成"数字治理大脑"。

"3"即三大治理领域。围绕"以网格化为基础的社会管理、以多元主体共同治理的多元共治、以人民群众获得感为衡量的为民服务"三大领域形成各自应用的分级分类汇聚。

　　"5"即五大软实力建设。软实力建设包括：推动组织架构建设，建立统一的数字治理建设及运营队伍；推动长效机制建设，建立事件处置联席会议、分级分类机制，探索"一数一源"，推动社区事项准入等；推动指标体系建设，建立健全标准规范、指标体系及考核体系；推动数字素养建设，落实"首席数据官"制度，实施干部能力提升工程；推动数字治理生态建设，打造数字治理生态圈，探索建立数字城市技术验证中心。

　　"N"即 N 个数字治理应用场景，包括聚焦民生诉求，探索挖掘各类高频应用，打造若干标志性示范应用场景。

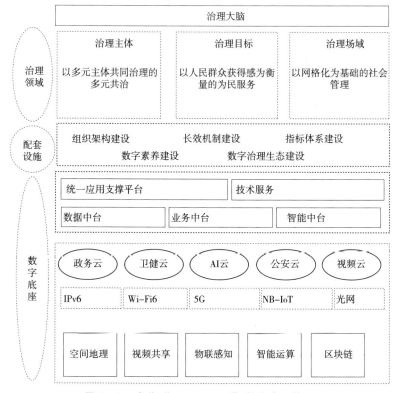

图 5 - 2　龙华"1 + 3 + 5 + N"数字治理体系

资料来源：作者绘制。

5.2.2　构建数字治理底座

新技术、新网络、新平台、新终端，是数字化进程中最清晰的产物与最坚实的底座。龙华以物联感知层、通信网络层、全栈云层一体化三层架构，助力一网全面感知、一路高速传送、一云触手可及，探索从感知、应用、预警、处置到评估的全链路闭环管理体系。感知内容更广泛、感知触角更敏锐、感知体系更完备，为管理者提供即时全面的感知信息，为决策者提供精准智能的决策依据，最终建立"天地空三位一体"的城市泛在感知网络。

建设智慧城市底座。龙华统一网络和云计算资源规划建设，建成"2+6"OTN环网，实现全区物联感知设备以及视频资源的就近接入。加快推进视频专网等扩容升级，响应各部门需要。打造三层架构的云计算服务，推动各单位的系统迁移上云。汇聚全区物联感知设备，持续推进感知终端建设。率先全面打通公安、交通视频监控资源，实现全区视频资源"一本账"。

加强完善通信网络设施。龙华构建覆盖"5G+千兆光网+智慧专网+物联网"的通信网络基础设施体系，加强覆盖全区的光纤传输网络建设。加快IPv6部署，升级优化全区的OTN传输网络。加快全区各单位的感知体系建设，加快城市基础设施智能化改造。进一步加强全区NB-IoT窄带物联网覆盖建设和技术协同创新，推动NB-IoT在城市公共设施等领域实现规模应用。完善现有的政务网络、卫生专网等，区直部门和政务骨干网络带宽由千兆提升为万兆。

建设全栈云平台。龙华区一方面推动原有业务云化，另一方面借助搭建功能灵活的政务云、卫健云、AI云、公安云、视频云等平台开发创新业务应用，以实现全栈业务承载、全栈服务能力、全栈资源管理和全栈架构演进。通过统一云管实现对分散建设的基础设施进行统一管理和统筹规划，以云计算平台为基础打造各种智能化资源池，将智能资源能力以服务化的形式实现共享和开放利用，实现资源互补，资源整合、数据融合、业务贯通。提供快速部署、科学管理、按需分配、即需即用服务能力。

5.2.3　营造多元共治的协作平台

打造党建引领基层治理"龙华品牌"。推广北站社区党建经验，做强做实龙华党建引领基层治理品牌效应。完善堡垒型、服务型、法治型党组织建设，深化基层党建"标准＋"模式。深化两新书记直通车机制，提升党组织服务发展的温度力度。落实党建引领服务发展行动，打造"一社区一园区"区域化党建示范点，加强城中村等人群密集区域 24 小时党群服务 V 站建设。推动基层专职党务工作者专业化职业化改革，加强龙华区基层治理学院建设。

探索符合高密度城区特点和规律的数字治理新模式。一是建立全区统一的多元共治团队、工作机制、建设标准，以标准化引领规范化、以制度化确保常态化、以数字化加速现代化，建成团队、机制、资源、业务、数据、流程、标准等"七个一体化"全区大一统治理体系。二是整合全区分散系统，共建共享业务中台，统筹调配人事物策，统一对接协同上级，统管区级治理业务。鼓励和引导基层创新，紧密围绕"小切口"拓展治理场景，着力打造立体应用，实施综合治理、系统治理、源头治理，建成全域一盘棋治理格局。三是创新区块链、移动化等技术应用，联通企业、组织信息系统，着力打造广泛连接，打通精准服务群众最后一公里，营造"人人有责、人人尽责、人人享有"数字治理共同体，以统一应用支撑平台为基础，打造精准智能的社会治理。在政务服务、城市运行、产业发展、生态环保和民生保障五大应用领域开展"智慧＋"应用，包括党建引领基层治理、应急指挥中心、运营管理中心等综合应用以及智慧交通、平安城市、智慧政务、智慧生态、智慧教育、智慧医疗、智慧社区、智慧城管、智能应急等专业应用，借此打造一个绿色、文明、有序、高效、智慧的新型服务型政府。

5.2.4　强化高效务实的行政效能

推动协同办文应用创新。持续优化统一协同办公平台，整合各部门的办公系统，覆盖党委、人大、政协，拓展协同办公平台服务能力，集成各部门个性化需求服务。完善移动政务办公功能，升级优化督查督办、信息报送、工作交流、应急处置等应用功能，推动政务工作移动化、协同式办理。加强协同办公平台与移动政务办公平台对接，推动公文在各终端实现各单位各层级文件的直接交换和实时跟踪显示，实现政务数据共建共享，赋能政务科学精准决策增效。

以"一件事"再造业务运行流程。认真贯彻落实党中央、国务院关于深化"放管服"改革的决策部署，积极探索政务事项集成服务改革，围绕企业发展周期和市民生活工作等多个高频"单项事"，对部门的政务服务事项进行优化，将其整合成企业和群众视角的"一件事"，通过优化审批机制、再造业务流程、强化数据共享等措施，打造跨业务、跨部门、跨平台、跨层级、跨地域的整体服务，对"一件事"实行一体化办理，实现公众侧"一件事一次办"、政府侧"一件事协同办"。

推动内部办事"零跑动"。加强政府内部制度创新，按照整体政府的理念开展政府内部"零跑动"改革，聚焦业务协同流程再造，面向部门间办事事项，梳理并逐步推出"零跑动"清单。

推动机关内部非涉密"零跑动"办事事项通过协同办公平台全程网上办理,加强财务、人事等办事系统整合共享,并接入移动政务办公平台,实现机关内部"零跑动"事项全程电子化、指尖化,提高内部办事效率和满意度。

在数字治理视阈中,龙华强化党建引领,多渠道链接各类资源,构建政府、企业、市民等社会多方共同参与、共建共享的发展格局,形成未来城市场景试验最大合力。

专栏 5-2　"免申即享":变"找政策"到"政策找"

"免申即享"是龙华区基于数据基础建设成果,通过数据匹配、协同审核的方式,给予符合条件的企业和群众免予申报、直接享受政策的行政服务。通过变"找政策"为"政策找",切实解决企业和群众对政策"不了解""不明确""不会办"等难题,提高政策的到达率和兑现率。如果你是某企业的负责人,在"免申即享"服务下,你将会通过手机等移动终端,精准收到"国家关于某企业资助"的相关政策推送。

据龙华区政务服务数据管理局相关负责人介绍,数字治理转型之前,企业和群众面对资助政策的常态是多渠道搜集资料、多轮次咨询工作人员、多研究吃透政策后,再准备申请材料,与各相关部门对接,等待业务审批。其结果往往未能及时获知政策条件,导致申报数量"大打折扣",或者当知晓政策后,事项申报时间却截止了。

龙华区充分利用大数据优势,让企业和群众获得惠企利民政策不再"线下跑腿",仅需"线上点一次"。切实实现以"数治便民",提升民众数字治理的获得感、幸福感和安全感。

5.3　龙华数字治理发展的成效

　　龙华作为国内率先进入信息社会发展中级阶段的城市，不断积极探索和实践在数字化转型下经济和社会发展的创新模式，不断激发和释放社会活力，推进数字治理改革建设，实现整体化、智能化、精准化的政府管理和服务，提升全时全域高效便捷的民生服务能级，打造共建共治共享的社会治理格局，让数字化建设成果惠及全民。本书借鉴郑磊（2021）对数字治理效度、温度和尺度的三维度划分，总结龙华数字治理的发展成效。

5.3.1　数字治理的效度：增加群众获得感

　　效度即有效性，数字治理的效度体现在数字技术对治理能力和治理效果的提升程度上，换言之，数字治理效度体现在数字治理目标的实现程度上。相较于数字政府将数字技术赋能于政府自身，数字治理的目标是将技术赋能于政府、企业和社会公众等多元主体，并最终重塑三者之间的关系，具体包括提升政府效率效能、优化公共政策制定、提高公共服务水平、扩大公众参与、推进制度转型等方面。龙华的数字治理显著增加了人民群众的获得感。

　　龙华智慧城市建设实现了三层服务架构，2020年、2021年均入选"中国县域智慧城市百强榜"五强。2022年党建引领基层治理分拨平台提升事件处置效率，事件平均处置时限从3天缩短至1.5天。AI赋能数字抗疫，"龙·眼"智慧流调工作系统实现了大数据流调"一网追踪"，核心流调时间由4小时压缩到最快40分钟，流调人员10秒即可查询到场所轨迹、同时空场所人员等信息；在全区 26 个隔离酒店上线"防疫识别 AI 机器人"，实时监测隔离人员是否有在红区走廊逗留、未佩戴口罩等各类高风险违规行为，减少隔离酒店近 500 名安保人员，占总人数的 1/3。创新"万人成讼率"，打造三个"无讼社区"，实现"少讼"乃至"无讼"的法治良序。上线生命关爱信息系统，跟踪处置关爱行为案件 124 起，化解危机 14 宗，全区接听心理服务热线、进行心理咨询干预 1.6 万人次。

政务公开不断提速，截至 2022 年上半年，"龙华政府在线"等政务公开平台主动公开政府信息累计 10 万余条，线上受理全区群众诉求累计 3 万宗，累计化解 2.9 万宗，化解率达 97%，受理量和化解量均排名全市第 1。数字抗疫持续赋能，深圳北站布设 70 余台"健康防疫核验一体机"实行"一证（身份证）通行"，核验时间从 30 秒缩短至 3 秒，大大减少旅客等候聚集时间并降低交叉感染概率，受益市民已超 1200 万人次；核酸检测点人员密集度"一键查询"使核酸检测排队时间缩减一半。2022 年春节开展"安心留龙华、开心过大年"活动，依托"i 社区"小程序广泛收集居民"金点子"3273 条，办结率为 99% 以上；24 小时便民服务热线上线 3 个月以来，累计接到群众来电 3.7 万余个，办结率 100%，让民生问题"件件有着落、事事有回音"，受到群众好评。

专栏 5－3　"i 社区 码上办"智慧服务平台

"i 社区 码上办"是龙华区委组织部深化"党建＋科技＋治理"龙华模式，秉持"马上就办、办就办好"的理念，精心打造的智慧服务平台，旨在打造党味浓厚、服务贴心的社区云上家园，一键解决老百姓操心事、烦心事、揪心事。

"i 社区 码上办"创建了"码上学、码上办、码上享、码上知"4个功能模块。

"码上学"，是党员群众的知识宝库，设置"新思想全面学""党员先锋对照学"等模块。

"码上办"，即居民诉求一键"找书记"、民生服务一键"找资源"、居民政务服务事项一键"办业务"。

"码上享"，即实现活动参与感受分享、志愿积分兑换共享、暖心便民服务立享、社区爱心福利乐享。

"码上知"，能第一时间获知社区新闻、公告、紧急事务等信息，社区家园的大事小事尽在掌握。

龙华区"i社区 码上办"智慧服务平台已接入龙华区社会公共服务平台"i龙华"中，首先在民治街道推广应用，接下来将陆续在全区推广应用，为社区群众提供更多精准化、精细化服务。

5.3.2 数字治理的温度：激发群众幸福感

温度即冷热感受，数字治理的温度体现在数字治理给公众带来的实际体验和真实感受，用以衡量数字治理是否给公众带来了更有温度的服务、更人性化的管理和更多的幸福感。

2020年，龙华开展智能化养老服务建设试点项目，为辖区83处养老服务场所配置智能化设备406件，智能设备累计提供有效活动轨迹异常预警119次、老年人主动呼叫129人次，老人累计收听广播22218人次，得到老年人和家属的一致好评。2022年上半年，创新"时间银行""积分超市"等激励机制，建立健全积分兑换体系，形成"以服务换服务、抓服务促治理"的良性循环，居民参与志愿服务3万余次，兑换积分80万分；首创"暖心柜"16个，精准服务新就业群体和困难群众，免费兑换爱心物资8万余次。推出三批共48个"免申即享"事项，其中面向产业和人才领域事项多达 35 项，占比超过 72%，已主动兑现政策红利达 4.36 亿元，事项数量全省最多、补贴金额全省最高、受惠范围全省最广。预计 2022 年将兑现政策红利超 6.5 亿元，惠及超过 500 家企业和 25 万市民。

针对就业、教育、医疗、养老等群众最关心的领域开展数字化建设，打造为民、惠民、便民"互联网＋"新体系。创新"智慧教育"发展，建设基于 5G、IPv6 技术下一代全区教育网，构建"互联网＋教育"大平台，整合升级各类教育平台系统，促进优质教学资源、优秀师资、教育数据、信息红利的有效共享，助力教育服务供给模式升级和教育治理水平提升。完善"智慧医疗"应用，推进 5G、人工智能、大数据等新一代信息技术与健康医疗深度融合，实现全区医疗卫生机构信息互联互通、信息共享和业务协同。以智慧养老服务平台为支撑，以区长者服务指导评价中心为统领，有效链接 6 个街道长者服务中心、N 个社区长者服务站点等养老设施，统筹全区养老服务资源，构建了"1＋6＋N"养老服务网络。加强"智慧文旅体"建设，推进数字图书馆、数字文化馆、数字博物馆建设，提高公共文化服务信息化、网络化水平。推动"智慧旅游"建设，建立文化旅游公共服务智能化云平台，推动全区智慧文旅示范应用试点，探索构建数字文化旅游生态体系。搭建妇女儿童智慧维权系统平台，联动妇联、公安、法院、司法等部门，构建多层级维权网络，推动妇儿维权案件的全过程智能闭环管理和困境妇儿精准帮扶，为广大妇女儿童打造坚实的"防护盾牌"。

5.3.3 数字治理的尺度：提高群众安全感

尺度即规定的限度，数字治理的尺度体现在数字治理的推进尺度、权力边界和法治底线，用以衡量数字治理过程中民众是否有选择权、参与权和监督权，是否给公众带来信任感和安全感。

数字化监管监督的"龙华样本"已初具形态，推动大数据、物联网等科技手段与纪检监察工作纵深融合。在数字反腐上，龙华区纪律监委依托龙华区产业和数字技术的优势，建立了一套"信息化＋N"立体廉政风险防控体系，开拓了一条数字监督、数字反腐的新路径；在监督评价机制上，龙华区现已建成线上线下相结合的监督评价机制。线上做到每个单位的事件处置情况"全过程留痕＋全线上评价"，线下强化区、街道两级督查队伍建设，按照"应采尽采、应办尽办"原则开展实地督导检查；在顶层设计上，出台《龙华区数字治理办挂牌督办工作办法（试行）》，健全月报、周报、日报全口径事件研判分析机制，自 2022 年 1 月起，对平台应用效果不佳、监督评价得分较低、处置整改不力的单位每月通报；自 3 月 7 日起每周对重点事件进行研判分析，累计形成周报 28 篇；自 5 月 29 日起每日对敏感事件进行预警，累计生成日报 111 篇。

龙华区知识产权保护促进中心的建立，推动了数据产权保护和利用机制的不断完善，激发了创新创造的活力。2022 年，龙华企业上云项目已超 2 万个，数据安全不容忽视。龙华区委宣传部（网信办）为配合上级网信部门进行"全量扫描""攻防演练"等专项行动，已携手常行科技深化网安事件区、街道、社区三级联动督促机制，探索网络安全管理工作全链条覆盖模式，主动为辖区企事业单位提供网络安全服务，同时通过督促整改、提供整改建议、进行漏洞复测等措施，形成行政联动督促、主体责任明确、专技检测复查的工作闭环，提高辖区企业网络安全意识和防护能力，提升政府公共服务水平。

龙华区信访局持续加强和创新信访工作，推动数字信访的高效化、规范化、智能化。自 2021 年 5 月龙华区群众诉求服务智慧系统建成以来，2021 年全年线上受理全区群众诉求 3 万宗，化解 2.9 万宗，化解率达 97%。具体来看，深圳龙华信访局建成"1 + 6 + 56 + N"四级信访诉求综合服务平台，建立志愿者队伍，打造 500 米群众诉讼服务圈，优化升级群众诉求服务系统，为居民提供精细化、精准化的数字信访服务；联合高校在全市率先开展"数字化转型中的信访新模式"课题研究，推动"信访 +"司法、住建、教育等具体专题应用，推动信访工作会议的数字化延伸，打造了"党建 + 科技 + 信访"新格局，将诉求服务平台融入区党建引领平台，结合数字龙华中台，运用大数据算法实现信访数据标签化，全面提升了数字治理水平。

CHAPTER 6

数字龙华发展的
国内外实践借鉴

本章主要介绍国外和国内城市数字化建设的措施与成果，分析其如何通过数字经济、数字城区和数字治理的建设，实现数字化的高质量发展。通过他山之石，以期为数字龙华建设提供有益的实践借鉴。

6.1　国外数字化发展的具体实践

6.1.1　英国的数字化发展

2017 年英国首次发布《英国数字战略》，目标是打造世界领先的数字经济和全面推进英国的数字化转型。2022 年，英国再次为 2017 年的数字战略提供更新，文件中提到，英国的经济未来、就业、工资水平、国家安全、生活成本、生产力、全球竞争力和在世界上的地缘政治地位都依赖于数字技术的不断提升，为此，英国决心加强其作为全球科技超级大国的地位。英国希望数字战略支持数字经济的方法能够使英国科技行业的年总增加值（GVA）达 415 亿英镑，并再创造 67.8 万个就业机会。为实现这一目标，英国数字战略列出了支持持续数字增长所需的六个基本行动领域。第一，数字基础：建设世界一流的数字基础设施，构建支持创新的监管框架。第二，想法与知识产权：通过研发刺激创新，发展英国在未来技术方面的专业知识，包括人工智能、半导体和量子计算。第三，数字技能和人才：发展各个教育阶段数字技能的培养，构建全面的签证制度，吸引世界人才。第四，为数字增长融资：鼓励包括养老基金在内的英国资本投资数字项目。第五，企业数字化转型：帮助每个地区的企业采用最新技术，在全国范围传播数字经济。第六，构建标准进行合作：围绕自由开放的国际数字贸易和技术治理体系进行合作。

1. 数字基础

（1）数字基础设施。发展数字经济的基础正是数字基础设施，英国数字、文化、媒体和体育部（DCMS）正在领导一项工作计划以加快全国千兆宽带的商业交付，英国工业界投资超过 300 亿英镑用于推广超高速宽带，计划在 2025 年实现至少 85% 的千兆位覆盖率，2030 年实现至少 99% 的千兆位覆盖率。英国在推出无线连接方面也取得了重大进展，截至 2022 年 10 月，92% 的英国陆地被至少一家 4G 运营商覆盖。英国的共享农村网络将进一步改善 28 万处房地和 16000 公里道路的网络，预计苏格兰、北爱尔兰和威尔士农村地区的覆盖范围增加量最大。

除了 4G，英国计划到 2027 年，大多数人口将能够获得 5G 信号。DCMS 通过 5G 测试台和试验计划（5GTT）向英国电信投资了近 2 亿英镑，帮助其建立在这一领域的全球领导地位，并支持行业、学术机构和地方当局实现 5G。英国还投资 2.5 亿英镑进行研发，以提供多样化的 5G 供应链，确保网络的安全性。

（2）支持创新的监管制度。英国政府在 2021 年宣布启动新的数字监管计划，并发布《数字监管计划：推动增长和促进创新》。新计划提出了政策制定者必须遵循的三项指导原则，并指出政府只有在绝对必要时才进行监管，并应以适当的方式进行监管。首先是积极支持创新。政策制定者必须尽可能地支持创新，排除不必要的监管和企业负担，重点考虑技术标准等非监管因素。其次是取得"前瞻性和连贯性成果"。数字技术正在快速发展，改变着传统行业，决策者必须确保新监管是对现有和计划中监管的补充，而不是相互抵触。最后是在国际舞台上抓住机遇，应对挑战。数字技术是无国界的，政策制定者必须放眼全球，必须始终考虑所提出的监管措施的国际动态——现有的国际义务，如贸易协议、预期的未来协议以及其他国家监管措施的影响等。

英国还建立了数字市场部门（DMU），该部门隶属于英国反垄断监管机构和市场管理局（CMA），旨在确保科技巨头不会利用其在数字广告市场的巨大优势损害消费者和小型企业的利益，从而鼓励正当的市场竞争。DMU 的出现将填补英国当前监管框架中的空白，即主流服务提供商对其小型竞争对手在社交媒体、电子商务、搜索引擎等领域的信息交换和共享机制。例如亚马逊可能被要求与一个新电商平台共享消费者的消费习惯数据，为其定位潜在客户和广告投放提供初步依据。

（3）网络在线安全。英国提交议会的《在线安全法案》是一项开创性立法，它将开创全球先例，为英国配备强大的监管和法律工具，以确保互联网用户，特别是儿童和弱势个人的安全。法案要求有关部门监管用户在线发布内容或相互互动以及搜索内容，删除和限制非法内容的传播，并采取更多措施来保护儿童免受在线有害内容的侵害。与此同时，该法案将发挥捍卫言论自由和新闻自由的宝贵作用。

2. 知识产权与创新

（1）促进大学研发创新。英国研究与创新署（UKRI）在推动企业和学术界的研发投资和加速创新方面发挥关键作用。自 2007年以来，"创新英国"（UKRI 的一部分）已经帮助 8500 个组织创造了约 7 万个就业机会，并为英国经济增加了约 180 亿英镑的价值。英国政府致力于进一步发展这项工作，宣布到 2024 年、2025年公共研发支出将增加到 200 亿英镑。UKRI 将继续在几十年的投资基础上，着重投资 7 个数字化技术方向（包括人工智能和量子技术，以及先进的半导体研究），巩固英国在该领域的领导者地位。投资将以战略化和协调化的方式，灵活地应对新出现的机会，并积极努力吸引私营部门的资金。

（2）促进企业研发创新。为支持私营高科技公司研发创新，英国政府创立了极具创新和企业友好的税收系统，政府通过一系列税法政策鼓励企业创新，如专利盒（Patent Box）规则，即通过专利产生的收益可以少纳 10% 的企业所得税。英国还通过种子企业投资机会（Seed Enterprise Investment Scheme）和企业投资机会（Enterprise Investment Scheme）削减投资于小型和成长中企业的投资人所缴纳的赋税，促进小企业和成长中企业的融资。

企业创新需要信息和知识、技能网络，以及与其他公司或大学的合作。创新英国知识转移网络（KTN）是 UKRI 的执行伙伴，支持全英国各部门的创新合作。通过推动企业、企业家、学者和资助者之间的合作，KTN 促进了研发的利用，这反过来又推动了长期的生产力。

（3）医疗服务体系创新。英国国家医疗服务系统（NHS）协同英国"生命科学展望"战略，利用数字和数据驱动创新，改善治疗、护理模式以及健康和护理系统的运作方式。NHS 和卫生护理部门也将更有效地利用创新成果，使临床上被证实的和具有成本效益的创新被迅速采用并在全国范围内传播。英国国家医疗服务系统、卫生监督局和英国国家安全局还宣布了一项高达 2 亿英镑的联合资助计划，用于国家医疗服务系统的数据基础设施，以支持数据驱动的研究和创新。

3. 数字技能和人才

（1）加强学校数字教育。英国是 G20 集团中最早将编程引入小学课程的国家之一。每年有 77000 名学生参加计算机科学 GCSE 考试，超过 12000 名学生参加计算机科学 A 级考试，85000 名学生参加计算机科学本科学位考试。通过国家计算机教育中心（NCCE），英国教育部将确保英格兰的每所学校都具备教授计算机的知识，并确保儿童拥有参与数字社会所需的数字技能。截至2022 年 8 月，超过 19000 所学校已经参与了 NCCE。英国教育部还为英格兰 16～19 岁的青少年创建了明确的技术教育选项。2020年 9 月推出的 T Levels 是在英格兰各地提供的新的、高质量的技术课程，除了学习课程，还为学生提供至少 315 小时（约 45 天）的行业实习期。目前 T Levels 有 3 个数字科目，数字商业服务，数字生产、设计和开发，以及数字支持服务。英国教育部希望与行业合作，确保所有 T Levels 学生有机会发展关键技能和工作场所经验，在 2024/2025 财政年度前提供至少 15000 个高质量的行业实习机会。

2019 年，英国政府资助大学创建新的人工智能和数据科学转换课程，这些转换课程为人们提供了发展新的数字技能或再培训的机会，即使是那些以前没有该领域经验的人也能够通过帮助在英国的尖端人工智能和数据科学部门找到新的就业机会。政府还通过 16 个博士培训中心为人工智能的 1000 个博士名额提供资金。截至 2022 年 8 月，这些中心已经收到了 1 亿英镑的公共资金（从项目合作伙伴那里获得了 7800 万英镑，从大学获得了 2300 万英镑）。英国政府宣布在现有承诺的基础上，培养 1000 个新的人工智能博士。政府将投资 1.17 亿英镑，通过博士培训中心（CDTs）培养博士，预计这将使更多的博士群体在 2024 年或 2025 年开始学习。DCMS 将与英国教育部和其他政府部门合作，确定对未来技术至关重要的具体课题，如量子计算和先进半导体。

（2）私营部门数字技能培养。政府从来都不是数字技能的唯一提供者，雇主和公司，不管是全国的还是地方的，都能够在提高数字技能、繁荣数字经济中起到重要作用。英国政府鼓励企业提供更多高质量的员工培训。例如，亚马逊提供网络服务训练营、AWS 数字培训和云计算从业人员基础知识。同样，谷歌和微软也分别提供数字库和学徒培训；DWP 与谷歌合作，为英国各地 9000 名求职者提供奖学金，以获得谷歌职业证书。FutureDotNow 已经与整个行业合作，创建了一个手册，整理了行业洞察和实践经验，以帮助行业内的组织识别和消除其团队中的数字技能缺陷。

4. 为数字增长融资

为了进一步支持英国本土数字科技企业的成长，英国制定了吸引世界各地科技创新企业的政策。这个工作将会由国家科技顾问（National Technology Adviser）和英国国际贸易部（Department for International Trade）以及英国遍布世界的大使馆来共同完成。具体举措包括提高数字领域的初创企业（start-ups）和扩张企业（scale-ups）金融服务的可得性、英国财政部领衔的长期资本（Patient Capital）和英国商业银行（British Business Bank）的 4 亿英镑风险投资基金等。

5. 企业数字化转型

（1）帮助企业获得数字化技术。中小企业应用技术的最大障碍之一是了解应该选择什么数字产品。44% 的中小企业认为，既定的技术解决方案有太多混乱的信息。为了支持企业克服这一挑战，DCMS 支持开发和推出了"数字推动"计划，它将小企业与慈善机构和愿意提供无偿 1 对 1 指导的数字专家网络相匹配，并指导他们学习数字技能相关内容、课程和网络研讨会。截至 2022 年 8 月，"数字推动"已经通过 1 对 1 的指导帮助了 3575 个组织。英国政府和英国国内的领先学校共同开发了针对中小企业领导和管理能力的计划，该计划 90% 的资金由政府提供。参与者只需为计划支付 750 英镑即可获得有针对性的支持和技能提升。参与者将得到 10 个小时的 1 对 1 辅导，在商业专家的帮助下制定一个独特的定制行动计划，并在其商业模式中嵌入该计划。该计划旨在支持 30000 家中小企业在 4 年期限内对其业务模式进行数字化转型。

（2）数字化税收。英国税务海关总署（HMRC）的"数字化纳税"（MTD）计划帮助企业减少可避免的错误并正确纳税，同时提供更好的税务系统体验。HMRC 也将提供进一步的投资，以创建单一客户账户，这将支持纳税人在一个地方管理他们所有的税务事务。

（3）帮助企业优化碳排放。英国 DCMS 已经与工业界接触，支持减排，并帮助启动工业倡议，鼓励去碳化。英国政府正在运行 10 亿英镑净零排放创新项目，以加快电力、建筑和工业领域的低碳技术、系统和商业模式的商业化。英国政府还资助建立 Tech Nation 的净零增长计划，支持绿色技术企业。2021 年 6 月，Tech Nation 在 DCMS 的支持下，启动了 Tech Zero Taskforce，这是一个由科技企业组成的小组，致力于制定净零排放目标和排放测量方案。

6. 构建标准进行合作

英国利用政府影响力，在传统的多边论坛和多方利益相关者组织中发挥领导作用。例如，英国正在确立自己在人工智能（AI）领域的全球领先地位，这是创新战略中确定的 7 个技术家族之一。英国是全球人工智能伙伴关系（GPAI）的创始成员，并在制定经合组织人工智能原则方面发挥了领导作用。2022 年，英国将参加国际电信联盟（ITU）理事会的选举，将倡导国际电信联盟为其所有成员有效工作，提高全球连通性，并缩小数字鸿沟。

6.1.2　新加坡的数字化发展

2006 年，新加坡推出了一项名为"智能城市 2015"的信息化计划，这个为期 10 年的发展蓝图，目的是通过大力发展 ICT 产业，应用 ICT 技术提高关键领域的竞争力，将新加坡建设成为由 ICT 技术驱动的智能城市。2014 年，新加坡顺利完成年为期 10 年的"智能城市 2015 计划"，并提出了"智慧国 2025 计划"（Smart Nation）。"智慧国计划"是对之前"智能城市计划"的完善与升级，是全球首个勾勒智慧国的蓝图。根据沈霄和王国华（2018）的研究，智慧国的建设理念可以用三个 C 来概括：连接（Connect）、收集（Collect）和理解（Comprehend）。

1. 连接

新加坡智慧国的"连接"理念是指消除数据孤岛、信息孤岛，提供一个高速、经济、安全并且具有扩展性的全国通信基础设施，实现数据的即时连接、共用共享。在信息时代，高效快捷的网络是基本的生存条件，是人们生活的必需品，新加坡推出了"无线@新加坡"项目，项目规划了 Wi-Fi 全国覆盖的政策，政府通过 7500 多个"热点"（Hotspot），为市民提供速度高达 1Mbps 的无线 Wi-Fi 上网服务。

此外，政府成立"公民联络中心"（Citizen Connect Centre，CCC）为民众提供免费的上网工具。2017 年，政府对上网界面和上网设备进行调整与更新，可机读数据超过 50%，此项措施让各类弱势群体也能便捷的获取服务。2020 年，新加坡成立数字转型办公室，招募 1000 名数字大使深入社区，300 名志愿者在家庭服务中心和乐龄活动中心等场所帮助老年人学习掌握数字技能以及宣讲网络安全知识等，使老年群体日常生活在数字化时代受益，帮助"数据弱者"跨过数字鸿沟。

2. 收集

新加坡智慧国的"收集"理念指的是运用遍布全国的传感器网络来获取和汇聚更精确、更全面的实时数据，同时对比较重要的传感器数据进行匿名化保护和管理，并在一定程度上适当的分享。之前呼吁实行的在浴室中安装传感器（便于家人远距离监控老人是否安全）只是新加坡智慧国项目的一部分。

人口数据很大一部分来源于建筑，建筑是日常生活与数据融合最深的场景，同时与安全息息相关。为此，新加坡几乎所有建筑都体现了大数据治国的理念，具体来说，通过建筑实现超链接，把人的各种活动数据化，进而采集全息而丰富的社会数据，为各种措施应对提供参考。新加坡政府在全国范围内安装统一综合性的传感器，改变之前的传感器由不同机构配置的局面，这些传感器将被用于监视各种情况，从卫生间、公共走廊、广场等公共场所的清洁到车辆运动等，传感器收集信息只是最基础的目的，更为重要的是更好地服务于社会公众，打造一个"万物互联"的国家，让新技术迅速传播，将整个国家连接在共享繁荣的模式之下。

3. 理解

"理解"的重点是收集和整合信息，合理运用获取和收集的数据，建立面向公众的、科学有效的共享机制。通过算法演绎与模型设定等方式预测城市管理多向维度，从而更好地预测民众的需求并提供更及时的、人性化的服务。例如在交通方面，数据分析可以改善乘客体验与交通系统，便利人们出行。数字城市建设的一大亮点是智慧公路。当能见度下降到 100 米时，智慧公路会自动开启智能引导系统，指示系统会在地面上显示闪烁的黄色和红色引导灯为车辆导航，当车辆经过时，激光测距器会判断车辆占用的车道，并通过高频率的红色闪烁轨迹警示后车保持距离。

新加坡也将大数据技术应用到健康领域。通过设立居家保健服务和远程护理试点，为居民提供上门远程诊疗，减少就医通勤时间和成本；Home – Rehab 家居康复系统能够将用户康复数据准确传输到医院反馈软件中，确保医生可以及时查看患者康复进度。此外，新加坡医疗平台收集居民家庭平均支付能力的调查数据，协助政府为不同家庭提供相应的医疗补助。

6.1.3　韩国首尔的数字化发展

2021 年 11 月 3 日，首尔市市长吴世勋提出首尔愿景 2030 计划，旨在使首尔成为一个共存的城市、安全的城市、全球领导者和未来的情感城市。为期 5 年的元宇宙首尔基本计划是其中打造未来城市愿景的一部分，该计划旨在改善公民之间的社会流动性并提高首尔市的全球竞争力。《元宇宙首尔五年计划》从 2022 年起分三个阶段在旅游、经济、文化、信访、教育等市政府所有业务领域打造元宇宙行政服务生态。"元宇宙首尔"计划包括三个阶段，分别为"起步"（2022 年）、"扩张"（2023～2024 年）和"完成"（2025～2026 年）。2022 年韩国将通过第一阶段工作完成元宇宙平台的搭建，引入经济、教育、文化等七大领域服务，总投资计划为 39 亿韩元。

1. 经济

元宇宙五年计划包括以元宇宙为基础的"首尔金融科技实验室集合地"项目，并复制了 2018 年开始运营的汝矣岛首尔金融技术实验室，以构建培养金融科技产业的线上线下集群。"首尔金融科技实验室集合地"将举办投资说明会、介绍首尔市的金融科技支持政策、专家指导咨询会、宣传入驻企业、培训等活动。同时，元宇宙平台也将搭建位于钟路区的投资首尔中心，该项目被称为"元宇宙投资首尔"。项目将关联线下的投资首尔中心业务，为外国投资者提供替身，使其能够参加虚拟投资会商等活动。

2. 文化旅游

首尔元宇宙平台将建立虚拟观光特区，光化门广场、南大门市场、德寿宫等首尔主要旅游景点都将被搬到平台上，组成"元宇宙观光首尔"，实现城市观光、再现敦义门、体验宗庙祭奠仪式等功能。"元宇宙观光首尔"还将引入热门餐厅等实体店铺，开展虚拟空间团体游，推出观赏街边表演等现实与虚拟相结合的新型旅游服务。另外，首尔市计划提供"元宇宙庆典、展示服务"，首尔鼓节、贞洞夜行、花灯节等首尔市的传统庆典将分阶段在平台上呈现；一些主要的博物馆、美术馆，游客即使无法亲自参观，也可以随时随地在平台上观展。

3. 教育

在元宇宙中最活跃的教育领域方面，首尔市政府将设立首尔开放城市大学（Seoul Open City University）的虚拟校园。首尔市政府运营的在线教育平台 Seoul Learn，将为青少年提供各种沉浸式内容，例如讲座、导师计划和招聘会等服务。2020 年韩国实行线上教学以来，已有多所高校采用教育元宇宙模式开展线上教学活动，包括新生入学仪式、校园游览、毕业典礼、e 运动会、社团演出、博览会、图书馆、人文教育、博物馆、生物学及医学教育等各种场景。未开展线上教学的高校也在积极探索教育元宇宙的实现路径。最近，汉城大学成功把学术情报馆嵌入元宇宙世界，构建了一个与现实完全一致的虚拟图书馆，为疫情期间无法正常使用学校设施的学生提供帮助。虚拟图书馆打破了传统图书馆的功能单一性，不仅可提供图书资料查询业务和馆内游览业务，还嵌入了寻宝、想象读书认证照相、知识竞答等现实体验感超强的在线游戏，大大提高了云端图书馆的使用率。

4. 政务

首尔市政府计划到 2023 年成立在线综合公务员办公室元宇宙 120 中心。元宇宙平台可以轻松办理首尔市目前运营中的各种业务申请、咨询商谈服务。平台还计划构建"元宇宙市长室"，提供与市民沟通、听取市民建议等多样化功能，使其成为随时对市民开放的交流空间，建成虚拟办公室之后，市民无须亲临市政厅即可解决民事投诉并从咨询服务中受益。"元宇宙市长室"能够让政府公务员提高内部协同沟通的效率，当市长确认下达指令后，负责解决问题的公务员会立即收到系统的指令，并在智慧城市控制塔的帮助下收集信息，以测试政策决定的有效性、发展趋势及市民反馈等。此外，市长可以在网络上发布适合公开的信息，增强公民对市政事务的理解，并提高市政的问责制和透明度。

在未来，平台搭建的"元宇宙智能工作平台"能够让疫情防控常态化背景下的市政工作不再受到空间和时间的制约，利用网络虚拟空间即可完成。同时 AI 公务员将被引入工作平台，它将与公务员虚拟替身一同为市民提供更高效、智能和专业的服务。

6.2　国内数字化发展的具体实践

6.2.1　北京的数字化发展

北京市经济和信息化局（以下简称"经信局"）印发《北京市数字经济全产业链开放发展行动方案》，该方案明确要利用 2～3 年时间，制定一批数据要素团体标准和地方标准，开放一批数据创新应用的特色示范场景，推动一批数字经济国家试点任务率先落地，出台一批数字经济产业政策和制度规范，加快孵化一批高成长性的数据服务企业，形成一批可复制可推广的经验做法，在全国率先建成活跃有序的数据要素市场体系，数据要素赋能经济高质量发展作用显著发挥，将北京打造成为数字经济全产业链开放发展和创新高地。2022 年 6 月，北京市政府颁布《北京市数字消费能级提升工作方案》，该方案计划充分发挥北京数字经济领先优势，强化数字技术赋能消费创新引领作用，提升数字消费供给水平，助力传统消费数字化转型，将北京市建设成为全国"数字消费首善之城"，打造"数字技术优势引领、数字赋能能力引领、环境标准制度引领和营商环境示范引领"的数字消费新高地，持续激发数字经济创新创造活力和数据资源要素潜力，助力北京加快建设全球数字经济标杆城市和国际消费中心城市。

1. 规范数字交易

北京高标准建设国际大数据交易所，率先实现全国首个新型交易模式、交易系统、交易合约、交易场景、交易生态的落地，建成基于自主知识产权的数据交易平台，截至 2022 年 6 月，引入数据产品近 1000 项，数据交易调用量超过 1300TB，成立全国首个国际数据交易联盟，培育专业数据中介服务机构，现已入驻数据服务与合作单位 150 余家，搭建的北京数据托管服务平台已正式投入使用，成为国内首个可支持数据跨境流通的数据托管服务平台。

2. 数字产业化与产业数字化

北京支持传统工业开展数字化改造，引导龙头企业与中小微企业对接，推动工业数据分级、采集、汇聚共享和数据管理能力成熟度评估工作，打造智能制造标杆工厂，并加快形成一批可落地、可复制的解决方案。此外，北京市着力培养服务型制造业、个性化定制等新业态新模式，鼓励企业利用新型信息技术创新生产、组织和商业模式，引导工业互联网平台、工业龙头企业和与中小微企业进行供需对接，搭建数字贸易服务平台，提供分析预警、大数据管理、知识产权、政策咨询和人才培养等服务功能，为中小微企业数字化转型赋能。

3. 聚焦数字消费

到 2022 年，北京市力争实现全市 5G 基站新增 6000 个，信息内容消费实现收入超过 3500 亿元，千兆光网用户新增 10 万户，培育或引进 10 家龙头直播电商专业服务机构，直播电商成交额达到 1 万亿元。到 2025 年，信息内容消费收入超过 5000 亿元，直播电商成交额翻一番，选取 2～3 个区打造高质量直播电商基地，争取培育 10 个具有国际影响力的直播电商平台或直播电商企业，孵化 40 个网络直播新消费品牌，推出 30 个线上线下融合的直播示范场景，培育或引进一批具有示范引领作用的高端直播电商运营服务机构与专业人才。

为实现目标，《北京市数字消费能级提升工作方案》提出了如下八项重点任务。

推动直播电商产业聚集升级。培育数字化消费链企业，推动本市国货国潮、民生消费、智能电子产品等消费品牌企业数字化转型。选取 2～3 个区作为重点，依托产业联盟和协会组织开展直播电商基地试点建设工作，打造具备品牌聚集、机构入驻、主播孵化、人才培养、活动落地等功能的高质量直播电商基地。鼓励企业构建音视频处理、数字人、智能审核等开放公共服务平台，完善内容制作、产业公共直播间等基础设施保障。发挥北京市头部直播电商平台集聚优势，加速培育引进优质 MCN 机构、数据营销服务商、品牌服务商、内容策划企业等专业服务机构。

推进跨境直播电商创新发展。开展保税仓直播指点，结合综合保税区高端消费品展示交易中心建设，建设满足直播需求的空间场所，支持电商直播平台企业入仓组织直播活动。鼓励直播电商带动国货出海，助力中国制造和中国品牌有效触达海外消费者。

构建直播电商专业人才体系。加大高端专业人才引进力度，将直播电商领域急需紧缺职业列入北京市相关人力资源目录，引进一批具有行业引领力、影响力的直播电商专业人才，对符合条件的人才在引进落户、子女教育、证照办理等方面提供保障，并健全直播电商人才培养体系。

提升数字内容服务供给能力。完善游戏电竞健康发展举措，基于精品游戏研发基地、网络游戏新技术应用中心、智慧电竞赛事中心等产业园区，满足年轻消费群体的沉浸式、体验型消费需求。加大自主研发游戏引擎等核心技术和公共服务平台支持力度，引导北京市游戏骨干企业在云游戏等领域积极开展行业标准研究创制。基于高精度空间计算、人工智能等核心关键技术，构建虚实融合的数字基础设施和视听应用场景。把握在线流媒体市场增量机会，拓展新型数字内容和终端呈现形式，支持实时互动、动作捕捉等新视频技术加速应用，推动交互性、沉浸感强的互动影视、互动综艺、互动短视频等互动数字内容形态创新发展。大力支持移动智能终端、可穿戴设备、智能网联汽车、智能健身器械等新型产品研发应用，发展虚拟现实、超高清显示等新型信息产品。

深化新兴数字技术赋能效应。加快千兆固网和 5G 网络建设，鼓励各区引导为重点商场、超市等公共区域提供免费 Wi-Fi 上网服务。加快推进数字化技术在健康养老、生活服务等领域的提质升级。推动数字技术企业搭建面向生活服务的数字化平台，积极推动以蔬菜零售、美容美发、便利店等行业数字化升级 1.0 行动和餐饮业数字化升级 2.0 行动，提升企业数字化运营能力。

培育多元化数字消费新业态。充分发挥"双奥城市"综合优势，推动"后冬奥"时代数字体育场景建设，培育在线健身等数字体育消费新业态。围绕文化设施服务完善，打造基于 AI、AR、位置服务、5G 等一体化的数字技术综合解决方案，推动数字展览馆、数字博物馆等数字文化新模式，发展云展览、云旅游、数字艺术等消费新形态。依托中轴线申遗保护、构建"故宫—王府井—隆福寺"文化金三角等重点工程，鼓励发展"网红打卡""导游直播"等智慧旅游新模式，宣传推广北京市特色文化活动、精品旅游线路等文旅资源。

创新科技监管强化标准引领。加强网络视听许可备案等电商直播领域资质政策解读和行业指导，针对开展网络视听节目服务的重点未持证平台，按照"一网站一评估"原则进行两级核查，有序纳入登记备案管理，逐步扩大备案制的服务范围。在游戏领域，研究建设我市游戏防沉迷监管系统。探索数字资产确权规则，加强数字内容的风险研究。

营造数字消费良好发展环境。针对直播电商企业、直播电商服务机构、主播等不同主体，加强主播资质管理、税收监管等政策法规宣传服务和事前合规指引，规范税收服务和征缴。从严整治网络水军、"黑公关"、职业打假人等扰乱网络舆论环境、破坏公平竞争市场秩序等违法违规行为。严格落实网络直播平台主体责任，建立健全并严格落实内容审核、用户注册、主播管理、培训考核、举报受理等管理制度，探索推动面向电商平台企业开放信用体系数据，支持平台对入驻商家进行信用等级认定，严格控制产品质量，提升行业自律水平，打造高信任度电商直播平台，营造良好数字消费环境。

6.2.2　上海的数字化发展

2021 年 8 月，上海市发布《构建高品质数字生活行动方案（2021—2023 年）》，希望全面推进上海城市数字化转型，推动生活数字化转型，计划到 2023 年，显著增强市民数字素养和能力，提升数字生活服务感受度，建成至少 50 个生活数字化转型标杆场景，推动上海建设成为全球数字生活的新兴技术试验场、智能体验未来城、模式创新先行区，让"数智感"生活成为上海创造高品质生活的重要标志和主要支撑。

1. 数字基础支撑

（1）公共交通数字化。上海发布首个行业数字化转型"白皮书"《上海市交通行业数字化转型实施意见（2021—2023 年）》，该意见提出上海将探索一站式出行模式，建立政企联合推进机制，实现全链、实时、全景、交通出行信息数据共享互通，融合地图服务、智慧停车、公交到站等既有出行服务系统，推进出行即服务系统（MaaS）建设；丰富个体出行场景，深入推进"一键叫车""便捷停车"等生活数字化示范场景，"上海停车"App 将深化建设"查询一张图、共享一键达、支付一平台、预约一入口"这四大服务场景，实现一图查询全市各类停车设施分布信息的功能。

（2）互联网新基建。上海对 5G 网络、工业互联网等新型基础设施能级的提升让更多居民及企业受益其中。根据上海市通信管理局最新数据，截至 2021 年 6 月底，上海 5G 终端用户数达到了 979.9 万户，55.4 万用户的固定互联网宽带接入速率达到 1000 兆比特每秒及以上。

上海市通信管理局局长陈皆重表示，用户体验的提升得益于基础设施能级的提升和以 5G 和千兆光网为代表的"双千兆"网络协同发展。截至 2021 年 6 月底，建成 3.4 万个上海 5G 基站，占全市移动基站总数的 18.6%，基站密度为每平方公里 5.4 个，实现 5G 网络全覆盖的区共有 16 个；955.8 万户用户实现三家基础电信企业固定互联网宽带接入，其中 94.4% 为光纤接入用户；全市 60.2% 的活跃用户为 IPv6。

2. 公共服务数字化

（1）政务数字化。上海"政府服务一网通办""城市运行一网统管"彰显了城市治理能力和治理水平。"一网通办"依托上海"市民云"App，打通了不同部门的信息系统，基本实现了"一网受理、只跑一次、一次办成"。市民频次高且流程简单的事项可以在政务自助终端直接办理，企业能够在"远程身份核验"系统中彻底解决公司事项变更，避免多方跑现场的烦琐，提高政务服务信息化水平的同时最大程度方便市民和企业政务办理。"一网统管"打造上海城市治理"最后一公里"，整合接入公共安全、绿化市容、交通保障、气象服务和应急处置等30多个部门的100多项基础数据，微观数据汇聚成一张屏，形成精准应急预防管理和城市运行宏观态势等为核心的智能城市应用场景，使政府侧智能化、精细化管理，并为跨部门和跨系统的联勤联动增效赋能。

（2）社区服务数字化。上海打造"E梯通"，每部电梯都制作"身份证"，即通过梯控装置，系统自动记录电梯的运行时间、次数、故障情况等数据，采取24小时全天候响应机制，提升电梯运行的安全性，排除老旧电梯安全隐患。上海市花木街道开展"数字孪生城市"建设项目，打造全域化的花木"房态图"并落实到基层最小的"户"和"人"单元。可以精准查看每一栋楼和房屋对应的信息，而且将每个层面的数据管理和维护权限开放给相应的社工。例如通过大数据分析，准确找出区域内的失能和独居老人，通过智能门锁、红外线感知、烟感、燃气报警器和水管家等物联感知设备，为社区工作人员准确且精准的服务提供了数据保障。

（3）城市绿化数字化。上海市以数字化赋能绿色人居，将数字孪生技术用于城市更新、生态布局和绿色生活，为市民营造数字化的居住新环境。上海推进绿色生活数字化，建立市民绿色生活积分体系，培养全民生活垃圾分类习惯。推进大气、地表水、噪声、土壤等生态环境数据向市民开放，推出生态环境污染"一键投诉"，让市民时刻享受绿色环境。雄安"千年秀林"中的1200多万株树木拥有对应的二维码，政府可以运用大数据、区块链和云计算等技术建立智能平台，追溯并管理它们的生命周期。

3. 文娱数字化

（1）智慧场馆。上海体育场依靠全场景智慧运营中心，不仅实现场馆数据全融合、状态全可视、业务全可管、事件全可控，更实现设备高效管理，每年可节省20%管理成本，降低15%能耗，延长设备使用寿命约10%，提升事件处置效率约50%。用户可提前在线上购买门票，预选座位；到达场地后，用手机App快速找到自己的座位；比赛中，可以通过5G/Wi-Fi 6、AR、VR等技术，辅助实现沉浸式的观赛体验，还能通过App预定餐食、购买纪念品；赛后，能通过电子指示牌有序退场，还能观看赛事集锦，进行有奖竞猜。

（2）数字文化。上海历史博物馆通过AI、人工智能和大数据手段，为游客提供在线登记，在线参观云展览和在线留言等提升体验度的参观数字化功能，同时也增设了视频虚实巡检，动态应急预案、安全防护和客流检测等管理需求的数字化。而且利用三维数字孪生引擎，对博物馆及周边进行三维数字化复原，实现了博物馆内外1∶1三维数字孪生，感受历史和科技的交融，也为上海城市的历史文脉和前进脚步赋予温度。

4. 消除数字化鸿沟

上海在如何让"银龄一族"融入"数字生活"上多有探索。在解决"数字鸿沟"问题上，上海有"沪版方案"——"数字伙伴计划"。该计划由上海市城市数字化转型工作领导小组办公室指导，通过政府部门联合企业、市民、社会组织。针对数字化程度不同的老人，"数字伙伴计划"开展三种不同方式的数字助老行动："随行伙伴"计划，要求软件开发者关注特殊群体需求，让应用软件更适用；"互助伙伴"计划，凝聚各界力量投入为老志愿服务，让人人都能参与；"智能伙伴"计划，倡导设备厂商研发更多适老化产品，让智能设备更智慧。比如，疫情防控期间，常常需要"亮码"。上海的"随申办"移动端推出了"长者专版"。人们打开该"长者专版"，会发现除了天气，"随申码""就医""亮证（证照）""坐公交"几大主要服务以"加大码"的字体在手机屏幕上得以呈现。在上海黄浦区，该区科委联合街道、企业发布了智慧助餐、老年人用煤气用水智能监测等场景，让智慧养老模式"飞"入寻常弄堂里。上海的一些养老机构也纷纷开设智能手机学习班，一步步教老年人如何使用线上聊天软件，添加朋友、发朋友圈、建立群聊等。

6.2.3　杭州的数字化发展

2020 年 3 月 31 日，习近平总书记在调研杭州城市大脑时指出，推进国家治理体系和治理能力现代化，必须抓好城市治理体系和治理能力现代化。杭州城市大脑是城市治理体系和治理能力现代化的数字系统解决方案，是城市新的数字基础设施。2016 年杭州率先提出建设城市大脑，开启"交通治堵"领域的探索；2018 年 10 月市委、市政府首次提出推进城市数字化，全面打造数字经济第一城，12 月发布城市大脑综合版，开始从"治堵"迈向"治城"；2019 年 12 月提出奋力打造"全国治理第一城"的奋斗目标；2020 年 4 月 30 日，杭州城市大脑指挥部、城市大脑研究院成立；杭州城市大脑开启一个又一个新征程。

杭州城市大脑建设以"五位一体"为顶层设计，建立"一整两通三同直达"的中枢系统，"一脑治全城，两端同赋能"的运行模式，构建中枢、系统（平台）、数字驾驶舱、场景四要素建设，实现民生直达、惠企直达和治理直达，提升政府治理和服务能力。杭州城市大脑的典型应用场景如下。

1. 出行交通

正在建设的杭州城市大脑 2.0 智慧交通场景，将建设"智慧规划、智慧交管、智慧公交、智慧地铁、智慧物流、智慧停车、智慧慢行"七个子场景，打造畅通、安全、便捷、高效、绿色的城市交通。事实上，公共交通与市民出行的衔接，特别是地铁站点"最后一公里"衔接问题一直存在。七个子场景的建立，旨在疏通"堵点"。例如智慧公交，未来会考虑推出免费接驳、招手即停的公交车；比如智慧地铁，有望实现地铁、公交一体化协同运行；根据地铁乘客数据，今后地铁有望实现越站运行、跨线营运；再比如智慧停车，以全市停车场及泊位动态在线数据，支撑私有和公有泊位共享共济、车位导航、预约、反向找车等，实现"全市一个停车场"等。

2. 信用体系建设

在市民层面，将进一步推进钱江分应用场景提质扩容。比如，在钱江分应用上，将实现图书借阅信用免邮、信用预约体育场馆、免押租用体育器材等。并计划2022年5月底前实现杭州钱江分与宁波信用分互认，年底前实现全省信用分互认。在企业层面，杭州正在考虑再造无违法违规证明流程，实现企业在上市、融资、招标投标、评优评先中，用一份信用报告代替多个证明。7月底前完成医疗保障、文化执法、市场监管、消防安全等15个领域，在"信用杭州"网站和"浙里办"实现企业端在线"一键"申请、政府端"一纸"证明。此外，个人和市场主体可在"浙里办"、市民卡App、"信用杭州"网站查询自身信用报告。

3. 文物安全

杭州有3处世界文化遗产、1191处文保单位（点）、1643处历史建筑、80余座博物馆和36万多件（套）国有馆藏文物。但文物安全监管对象点多面广，基层管理力量非常薄弱。"文物安全智慧监管"应用将通过业务流程再造，将文物安全风险管控关口前移，由被动"灭火"转变为主动"防范"。例如，通过健康体检、"一点一码"，动态调整文物安全监管重点，提升决策科学性、精准性，实现文物安全工作精准施策、靶向治理。此外，在横向上，与公安、文化、消防等部门建立打击文物犯罪、查处文物行政违法、治理文物消防隐患等文物安全风险长效管控机制；

在纵向上，逐步打通省、市、区三级数据链，形成监管合力。

4. 行政服务

杭州市率先建立"亲清在线"新型政商关系数字平台，开启了惠企政策精准推动、补贴资金实时到账的先河。"亲清在线"平台将无感智慧审批纳入城市智慧管理体系中，打造"线上行政服务中心"，围绕企业办事全生命周期，开展惠企政策在线兑付、行政审批在线许可、企业诉求在线直达、服务绩效在线评价和政企交流在线互动等功能，精简办理步骤，加快审批办结时间。

6.3　对数字龙华建设的启示

6.3.1　数字经济的实践启示

1. 基础设施、人才培养和政策资金帮扶的协同支撑

第一，强化基础设施，推动高新互联网技术研发。在缩小数字鸿沟，消除网络盲区的同时，根据民众需求以及社会发展和技术应用需求，探索更广领域的互联网研发和普及，夯实网络覆盖的基础职能。第二，增加数字人才储备，培养数字化能力。为适应数字经济发展要求，一方面，在高等教育和职业教育中引入数字课程能力培养，引导更多学生掌握数字设备和劳动技能；另一方面，实施人才战略，引育高端人才，为数字化创新研发注入源源不断的人才力量也是稳固数字经济基础的通行做法。第三，顶层政策和财力支撑，营造数字经济发展基础环境。明确了数字经济中各主体的权责，建立了完善的消费者权益保护机制，增强消费者对数字经济发展的信心，促使更多消费者积极参与到电子商务和数字贸易等数字活动中。同时，各地政府都对数字经济加大

了政策倾斜和资金支持力度，在税收、贷款、租赁等方面为数字经济产业提供政策优惠。

2. 协同创新带动数字产业高质量发展

第一，形成以数字产业为核心的高新技术聚集区。鼓励拥有大量科技资源的高新技术集聚区，带动相关产业的协调发展，避免区域发展鸿沟的问题，同时依托丰富的科技资源带动相关服务链的发展，形成良性循环。第二，搭建数字技术创新平台，营造官产学研协同创新平台。多主体分类分步实施建设，发挥各主体的数字研发创新优势，通过创建数字经济领域协作联盟，鼓励当地科研院所、数字化企业，高效协同创新研发，在政府主导下，形成产学研相结合的创新生态体系。第三，依托当地产业优势，坚持数字核心技术的自主研发。提升数字经济领域竞争力的关键在于核心技术，在优势产业和传统产业的基础上，加强统一规划配置，形成产业聚集区和创新生产链，以市场为导向，以产业化为目标，建立反哺机制，将创新成果转化为产品和应用。

3. 推动传统产业数字化转型和新业态融合

支持传统工业、制造业开展数字化转型是加强数字经济赋能的关键措施。第一，构建全历程、全链条的产业数字化转型政策体系。推动政府、民间资本、企业法人等共同建立多层次融资体系，提高企业转型的风险承受力，同时加强数字化转型项目的专项贷款，形成盈利共享和风险共担的合作机制，提升政策的针对性和实效性，为数字化转型提供保障。第二，大型企业带头数字化转型，引导龙头企业与中小微企业对接。大力扶持中小微企业进行数字化改造和资助应用型研究，鼓励新老公司合作，并根据企业自身条件制定个性化新业态新模式，搭建数字贸易服务平台，提供大数据管理、政策咨询、分析预警、知识产权和人才培养等服务功能，为中小微企业数字化转型赋能。第三，利用多渠道宣传普及数字知识，完善数字技能获取途径。通过新兴的直播授课、经济讲堂、数字技能平台等形式，利用通俗易懂的讲解、理论实践结合的方式推进数字经济科普培训工作的顺利开展。

6.3.2　数字城区的实践启示

1. 打造智慧城市基建

充分将数字科技和技术运用到城市的运行与体验中。第一，城市智能设备装置升级改造。常见的街道照明设备、电梯、车站显示屏、垃圾处理点等均与云计算、互联网等数字技术相结合，打造多功能城市基建设备，节约能源的同时使城市生活更加便捷生动。第二，城市道路交通空间高效利用。构建智能交通系统，将分割的数据系统和平台进行整合，通过对城市车辆进行分析预测、驾驶行为进行分析、智能调度警力等，缩短通行时间和高峰持续时间，提高城市交通出行的安全和效率。第三，以人为本，从民众需求出发。关注特殊需要群体，例如残疾人街道语音导航、社区智能感知安防、老旧小区电梯智能改装、大数据健康养老等，实施有温度、有关怀的数字城市升级改造，让群众生活更安心。

2. 增强虚拟互动体验

将数字技术充分融入城市体验与城市感知中。第一，树立数字科技旅游名片。利用5G、AR和人工智能等数字技术，为城市景点和旅游业注入沉浸式高科技体验。虚实结合的观影、智能语音讲解、AI识别抓拍等为游客增添新奇体验，带动旅游业新型发展。第二，通过虚拟空间重塑历史遗迹。在AR和3D技术的赋能下，历史名迹或遗迹得以"重生"，让人们再次感受历史和文化的底蕴和魅力，体会历史文脉和前进脚步赋予的城区温度。第三，营造数字观展的科技氛围。在城市图书馆、博物馆、展览馆等场所，通过直播、VR/AR等技术，打造沉浸式全景在线产品，通过线上"云游"和线下互动的方式，丰富观展形式和内容，增强沉浸体验感和知识易获性。

6.3.3 数字治理的实践启示

1. 数字技术与善治理念相融合

数字技术和治理理念的融合是政民（企）互动和效率公平的实质提升。第一，善于及时利用数字技术对治理实践的驱动力。既要将大数据、云计算、物联网和人工智能等技术作为实现传统治理向现代治理转变的政策工具和手段，也要使数字治理主动顺应技术发展的步伐，但同时应防止对数字化和智能化的片面追求而脱离治理为人民的初衷，明确数字技术的应用是为了更好地推动政府"善治"。第二，以需求为导向，以参与为手段。基于具体的业务需求驱动，推动数据开放共享、资讯透明全面、网格化公共服务、政务内部互联互通等有效机制，推动数据资源"政府—公民"的双向流动，注重公民对数字政府的评价和反馈，在良性互动中真正贯彻和实现治理的便民、利民、为民的理念。第三，降低由数字鸿沟造成的数字不平等。智能系统并不能也不应完全取代人工服务，特别是对于老年或残障人士等信息弱势群体，不仅要扩大数字技术的应用范围、促进数字包容性普及，以尽力消除数字排斥，而且仍应以人工服务为托底和支撑，保留数字治理的人本和简约取向。

2. 注重基层治理的数字化应用

基层治理是城市数字化治理体系的基石，也是民众触手可及和成效立竿见影的数字化应用场景。第一，利用数字技术将社会资源纳入基层治理过程中。从垃圾治理、车位管理到社区安全、公共服务，基层治理的数字化改革嵌入在民众生活的方方面面，形成基层治理的全面跟踪、实时分析、快速响应的全生命周期动态化智能治理体系。第二，注重社情民意场景建设。运用数字化手段，培育和提升社区互动，探索微信群或移动服务等沟通平台，串联社区交流、学习公益、运动健康和政府治理等生活场景，在强调治理效率的同时体现人文关怀，激活邻里人文气氛，打造归属感、舒适感和未来感的社区氛围。

CHAPTER 7

数字龙华的
未来发展

随着 5G/6G、3D 建模、区块链、AR 等技术的日益成熟，数字城市建设进入了新的阶段，能够实现在实体城市的逼真复刻，获取更大体量和更广泛层次的数据，进行高效处理与传输，能够为市民提供更及时和深入的互动，为城市系统和市民生活质量的提升带来诸多可能。在此背景下，深圳市龙华区可在承接国务院《"十四五"数字经济发展规划》与深圳市"十四五"规划纲要下，科学把握数字化发展新趋势，着重从数字经济、数字城区和数字治理三个方向打造数字龙华，做优、做强粤港澳大湾区东岸城市中轴，与未来的数字世界接轨。

7.1　数字化发展的新趋势

数字经济作为一种新的经济形态,已然成为区域结构转型升级的驱动力,成了全球新一轮产业竞争的制高点。牢牢把握当前数字化、网络化、智能化发展契机,协商制定全球范围内均可接受的数据安全和隐私保护规则、建设好数字经济发展的基础设施、释放数字经济潜力将成为全球关注重点。部分学者认为新型智慧城市发展在政策环境、基础设施、应用体系 3 个方面呈现显著的发展态势,并正在人工智能支撑下向纵深方向发展。(党安荣等,2018)。也有部分学者认为"数据 +""众包 +""交互 +""共享 +"为数字经济发展的四大新趋势(黎文娟等,2018)。结合广大学者观点,本书认为,未来数字化发展呈现"四化"趋势,即传统产业数字化、设施建设融合化、数据中台交互化、社会治理智能化。

在传统产业数字化层面,企业架构由现代化转向数字化。随着数字基础设施健全、数据应用生态完善,数字技术在生产、运营、管理和营销等诸多经济活动环节的应用深化,推动实现数字经济时代的企业数字化、数据资产化,不断释放数字技术对经济发展的放大、叠加、倍增作用,以数据链聚合产业链,推动传统产业实现质量、效率、动力三大变革。在企业数字化层面,企业经营重点从规模生产转向价值创造。数字化技术实现与实体经济融合发展,人工智能技术赋能传统企业完成数字化升级,开展网络化协同、服务化延伸、个性化定制的传统企业比例大幅提升。首先,企业从着重业务流程的数字化运行转向新产品、新业务创新，推动实体经济效率提升和组织变革（杜庆昊，2021）。企业在实现业务流程的数字化管理、运行的基础上，转向有效应用新一代信息技术延伸企业价值链，开展新技术、新产品和新业态培育，推动业务创新转型。在数据资产化层面，资产管理重点从物理资产转向数据资产。数字化的信息和知识逐步发展为数字经济发展的核心竞争要素，企业愈加重视内部数据资产管理，旨在挖掘和释放数据价值、扩展数据应用和服务，以提升市场竞争力。企业重点围绕数据的采集、筛选、加工、存储、应用等各环节进行规划，基于数据加工的全链条进行数据资产治理体系建设，以提高数据资产价值成为重要任务，数据资产管理呈现运营化发展趋势（吕铁，2019）。

在设施建设融合化层面，数字技术由基础应用转向深度融合。重点城市的新型基础设施建设计划，普遍注重通过融合基础设施，发挥新技术对传统基础设施、产业和消费升级，以及对优化社会治理的促进作用（宋晓宇等，2021）。在国内外城市基础设施的发展规划中，均提倡积极研究5G、物联网等数字技术在传统基础设施建设运营中的应用模式，强化数字技术与基础设施的深度融合，提升传统基础设施的服务效能。未来，在推动传统设施转型建设进程中，数字技术的应用领域范围愈加广泛，尤其在水利、交通、能源等民生领域，通过智能化提升公共产品质量、公共资源利用效率。在智能交通领域，优先在城市重要道路应用示范，推进基于 C－V2X 技术的车联网设施部署，实现"人—车—路—站—云"协同，加强交通信号灯、车载终端等设备的智能互联，打造十字路口优先通行、精准引导、超视距感知等应用功能，提升车辆的行驶安全和运行效率，逐步扩展全域化应用。在智能能源领域，云计算、物联网等新技术赋能"能源生产—能源输送—能耗监控"全流程优化，智慧能源基础设施可通过人工智能与大数据技术预测能源消耗情况，灵活调配传统能源供给结构。并在通过边云协同实现能源物联全面感知基础上，提高设备故障响应速度和运行维护效率，助力构建"以新能源为主体的新型节能系统建设"。

在数据中台交互化层面，业务系统由独立运行转向互联并行，政府与企业的数字化转型是大势所趋，作为实现数字化转型的基础平台数据中台，势必是未来企业战略转型的重点布局系统。随着资料来源越来越多元，为避免形成"数据孤岛"与"数据闲置"，通过完善平台开放体系架构，打破原有政府间、政府与企业间、企业间独立运行的数据系统，重构统一、互联的数据中台系统，数据中台系统实现交互运行、信息共享、数据共融，将各方面的城市数据聚集并形成城市治理的"大数据"。数据的权属界定逐渐清晰明确，强化数据的聚集、贯通、应用。在系统化平台建设管理运营方面，国内与国外皆致力于平台完善工作，在城市数字化、智慧化进程中，通过设立数据中心进行城市系统管理运营在垂直与水平阶层的整合工作（龙瀛等，2020）。未来，数据中台的功能基于"数据建模—数据服务—数据开发"的服务基础，以夯实交互式引擎强化前、后台的链接能力，配置符合通用标准的全链网络系统和实时互通的城市数仓，推动智慧城市管理架构和信息化架构的升级调整。与此同时，部门、企业的取数流程也应同步进行规范，通过制定严格的数据使用标准，严格规范取数目的、指标业务口径、统计周期等，从而保障数据流通使用的效益最大化。

在社会治理智能化层面，未来的城市管理从定性变为定量、静态变为动态、单一变为综合、滞后变为实时、粗放变为精细，进一步提高城市管理的实效。注重品质和细节的精细化管理是未来城市管理的重点和发展趋势，而精细化的管理只有借助信息化工具才能实现（陈观林等，2010）。基层政府及社会组织在社会治理方式的创新过程中充分运用大数据、云计算等互联网技术工具，实现政府部门内部的高度信息化，推动社会治理向社会智理过渡转变。社会治理智能化重点体现在治理平台协同化、治理措施前置化、治理模式精细化。首先，社会治理平台逐步由标准化运行转向协同化运行。旨在有效消除各部门、企事业单位之间的数据壁垒，主张以系统思维打造社会治理智治的"最强大脑"，并打通国家、省、市三级数据通道，联动各层级系统中台，支撑领导移动决策平台、政务服务事项等业务应用。其次，社会治理重心逐步由后端管理转向前端预警。未来，基于对数据信息的智能分析、决策，政府部门能够高效预判社会中的具体行为与其对应行为规则偏离情况，并迅速将预警信号传达到相应的业务中台，由具体部门做好前置防范措施。最后，社会治理模式逐步由碎片化管理转向精细化管理。精细化治理是实现治理现代化的必然选择。根据治理目标进行系统规划，通过体制机制的创新，盘活有限的治理资源，延伸治理触角，拓宽治理覆盖面，提高协同治理的水平。

7.2　数字龙华未来展望

7.2.1　总体规划

中共中央、国务院印发的《关于支持深圳建设中国特色社会主义先行示范区的意见》指出，"综合应用大数据、云计算、人工智能等技术，提高社会治理智能化专业化水平"。2021年，深圳"十四五"规划明确定位龙华为"都市核心区"，为龙华数字化时代高质量发展引航定向。作为深圳市新型智慧城市、数字政府改革探索的排头兵，龙华区将全面推进"数字龙华、都市核心"战略部署，在龙华全域深化推进"三位一体"数字发展模式，数字经济、数字城区、数字治理协同发展，加快推进一批示范应用标杆项目建设落地，助力龙华区协同建成数字经济先行区、未来城市体验区、智慧治理示范区三大标杆地。在数字经济建设层面，龙华区以数字经济融合为理念、产业链增强补弱为带动、整体性思维为引导，强化生态主导型企业带动作用，推进产业数字赋能，完成产业链、资源配置、产业空间、企业集群的数字化转型发展，创新要素实现量质齐升，产业结构加快高端转型，创新生态环境持续优化，创新成果实现持续突破，数字经济基本布局脉络完成，全面建成数字经济先行区。在数字城区建设层面，依托"智慧龙华"建设，龙华区着力深挖数据潜能，实现"厚底座、大中台、重应用、建场景"模式，率先打造了一批全市乃至全国先行先试的项目应用，开展物联感知接入平台、深圳北站片区数字孪生城市平台、龙华区经济大数据综合平台建设，开展首席数据官机制试点，未来城市体验区按计划竣工。在数字治理建设层面，龙华区提速数字治理建设各项工作，全域推动数字孪生城市建设，智慧治理示范区建设完成。

基于数字龙华"三位一体"全面建设的发展目标，坚持以数字技术为驱动力，以重大专项工程项目为示范，并以清单形式采取政企合作模式建设，统筹创新资源、数据资产配置，推动数字技术在数字经济、数字城区、数字治理三大维度的融合应用。前瞻重点技术领域布局，尤其在数字技术、新一代电子信息、高端装备制造、生物医药与健康、空天技术等重点技术领域加大技术研发投入。加快七大专项工程落地实施，落实技术研发、成果转化支撑体系创新打造。在技术创新环节，高质量完成硬科技创新生态区创建工程建设，打造坂雪岗－观澜硬科技创新集聚区，谋划建设"总部＋母工厂"示范城，强化优质低成本硬科技产业空间布局，全力打造"硬科技"企业集聚高地。在成果转化环节，加快推进国际科技成果转移转化示范区建设工程、深圳国家高新区龙华园区高质量发展工程落地。打造深圳硬科技产业的国际科技成果转移转化示范区、国家科技场景创新引领示范区、深圳硬科技高端制造的核心基地三大平台，强化自主创新和原始创新能力，建设成深圳创建综合性国家科学中心的硬科技产业创新发展先行区。在技术应用环节，创新推进数字经济先行区构建工程。打造一批数字技术场景应用示范，创建数字技术应用良好政策环境，推动数字技术与新兴产业融合。在人才引进环节，持续实施"高精尖缺"科技创新人才集聚工程。加强人才政策和育才制度创新，大力引育一批高端创新型人才，聚焦重点产业引进急需紧缺人才，大力优化人才发展生态环境。在环境配套环节，同步推动科技金融服务体系升级工程、创新生态和制度环境优化工程。加强政府引导基金与社会资本对接，多措并举拓宽科技企业融资渠道，并提升知识产权运用与保护能力，营造适应创新发展的制度环境。

7.2.2　全面建成数字经济先行区

龙华区将牢牢抓住产业数字化、数字产业化赋予的机遇，围绕数字经济先行区的发展目标，坚持"智造为本、双向赋能、样板示范、要素集聚"的发展路径，以落实"1＋N＋S"支撑体系，完成"圈、链、块、园、企"数字经济产业生态布局加快打造以北站片区为核心的深圳市数字经济核心区。实现数字经济全市领跑，经济实力、发展质量走在全国前列，创新能力国内一流，制造业优势持续放大，新兴产业和时尚产业加速成长，都市核心区地位全面巩固，建成粤港澳大湾区现代化国际化创新型中轴新城。

1. "两化"融合驱动，建立数字经济生态圈

以数据信息源作为经济生产的关键要素，通过新一代信息技术推动信息在现代网络内加速流通，加快市场经济活动的信息传递增效以及服务质量水平提升，使数字技术与实体经济深度充分融合，加速重构数字经济生态圈，已基本实现"两化"转型发展，即产业数字化、数字产业化。在产业数字化层面，利用数字技术实现与实体经济融合发展。人工智能与诸多领域完成深度融合，传统企业完成数字化升级，在实践中打造出以富士康等制造业为主导的控制网络（OT）向信息网络（IT）融合的发展模板。到 2023 年，初步形成各类规模以上企业及大、中、小型企业齐头并进的数字化改造体系，树立各个规模量级上的改造标兵。到 2025 年，实现传统制造业数字化诊断全覆盖，规上企业数字化改造全覆盖，主要商圈智慧化改造全覆盖。加快"龙华企业云"项目的落地，以 5G 技术为针线，将工业互联网、智慧园区、智能网联汽车等领域串联起来，形成联动。同时吸引到更多的区块链项目在龙华生根发芽。在 2025 年打造出一批数字经济龙头骨干企业的先进楷模。在数字产业化层面，以人工智能产业等核心产业为发展重点，未来基于九龙山智能科技城等创新示范区的建设完成，推动高新技术企业集聚发展，产业链纵横深化发展，催生出数字产品制造业、数字产品服务业、数字技术应用业、数字要素驱动业、数字化效率提升业等数据产业，持续推进数字经济产值倍增。

2. 核心产业集聚，数字产业强链

结合深圳市 20 个产业集群发展规划，聚焦新型显示、生命健康、时尚创意等区内重点产业集群，鼓励行业龙头企业开放应用场景，开展核心软件攻关工程试点，建设特色工业软件攻关基地。龙华数字经济核心产业发展将进一步加快，数字经济产业集群发

展加速，工业互联网、区块链、人工智能、新型显示、智能制造装备、消费互联网、时尚创意、数字文化、集成电路、生命健康十大产业集群总规模产值实现翻番，数字经济相关产业协同发展，产业规模化效益愈发扩大，产业链群效应显著。未来龙华区将构建以数字经济为核心、先进制造业为基石、现代服务业为支撑、传统优势产业为特色的现代产业体系。一方面，区域优势产业实现效能倍增，以智能终端、智能制造装备、时尚创意三大优势产业为龙头，围绕其产业链上下游延链、补链、强链，深入推进重点产业链"链长制"，实现整链突破，核心产业规模优势凸显，打造世界级智能制造产业中心和时尚产业新城。另一方面，新兴产业完成培育孵化，以半导体、新能源、生物医药三大潜力产业为新赛道，培育未来发展新动能。积极对接全市"20+7"产业集群战略部署，瞄准宽带网络通信、智能传感器、工业母机、激光与增材制造、高端医疗器械、细胞基因等细分领域，打造新兴产业高地。

3. 产业空间优化，特色优势显现

产业空间是企业增资扩产、转型升级的基本要素，也是产业生态集聚发展的重要载体。未来，龙华区将基本形成以核心产业为发展重点，数字化特色产业协同发展的格局。在全域产业空间层面，打造占地60万平方公里、产值超万亿的数字经济圈打造，形成集"硬件+软件+服务"为一体的数字经济产业生态，实现以重大项目为牵引，布局国家级人工智能示范区，推动数字经济产业园、数字经济小镇、数字经济小微园区协同建设，区域空间协同整合、集聚创新能力大幅提升，2025年实现数字经济核心产业增加值占地区生产总值比重达35%。在特色产业空间层面，坚持以龙头企业为带动、专业化园区为支撑、区块化发展为路径，聚焦N个数字经济产业区块，以片区带动巨大产能，形成共建共享的产业集群，重点发展深圳高新区和国家自主创新示范区龙华园区，包括九龙山智能科技城 – 福民创新园片区和观澜高新园片区，以移动智能终端、人工智能、生物医药和新一代通信技术、智能制造、数字经济相关领域为发展重点，龙华区已经梳理出 12 个特色产业区块（见表 7 – 1），覆盖各类规上企业 1700 余家，产值营收超过 5200 亿元，产业规模效益凸显。未来将进一步打造为湾区先进制造转化基地、深圳数字经济核心承载区、"人工智能 + 工业互联网 + 5G"应用先导区。

表 7 – 1　龙华数字经济产业区块

经济产业区块	核心内容
九龙山区块	依托九龙山和福城南片区，打造人工智能产业集聚区
时尚小镇区块	依托大浪时尚小镇，打造国际数字时尚小镇
大浪区块	依托"工改工"连片用地的大浪中心片区，打造 5G 电子信息产业集聚区
富士康区块	依托龙华富士康及周边园区，打造"工业互联 + 8K"产业集聚区
清湖区块	依托宝能科技园、广电文化创意园、龙华传媒科技产业园，打造"区块链 + 文化创意"产业集聚区
环鹭湖区块	依托观澜高新园西侧及湖西产业园，在鹭湖西侧打造生物医药产业集聚区；依托观澜高新园东侧园区、锦绣科学园，在鹭湖东侧打造智能制造产业集聚区
君子布区块	依托君子布及周边园区，打造"智能终端 + 跨境电商"产业集聚区
文化小镇区块	依托观澜文化小镇，打造国际数字文化小镇
银星区块	依托拥有连片更新整备用地的银星科技园及周边园区，打造数字生命产业集聚区
桂花区块	依托宝能总部基地及周边园区，打造智能网联汽车产业集聚区
黎光区块	依托连片整备用地的黎光及周边园区，打造"数字物流 + 新型显示"产业集聚区
大富区块	依托大富及周边园区，打造集成电路产业集聚区

4. "链主"企业引领，企业集群转型

龙华区始终坚持制造业立区不动摇，推动制造型企业与平台型企业双向赋能，围绕十大重点发展产业，完成"链主"企业的引进，"专精特新"企业群充分壮大，"大企业稳步提升、中小微企业辐射发展"产业生态圈基本形成，预计在2025年将打造一批数字化转型样板企业，推动数字经济扩容提质。"链主"型数字科技企业纷纷落地。以政策导向引进"链主"型数字科技企业入驻龙华，为全域产业链数字化赋能，突破核心技术瓶颈，催化产业高质量发展。"链主"型企业以重大产业项目为合作载体，完成在龙华投资布局，为龙华核心产业链带来丰富的生产资源，包括科技人才、核心技术等，传统生产要素实现优化配置，生产力水平得到跨越式提升。中小微企业完成数字化转型发展。龙华区通过加强数字化服务商与企业的对接，帮助超过70%的中小微企业完成数字化转型，企业内部结构、流程、业务模式实现数字化变革，内部运营效率稳步提升。基于工业互联网平台优势，以服务方式推动中小企业完成数字化转型，利用大数据等技术在现代信息网络高效、匹配有需求的用户或消费者，并在信息传递过程中转化更多的潜在消费者，企业产出效率提升，企业生产规模逐年扩大，有效解决转型成本过高、数字化人才短缺等问题。企业群整体向数字化、网络化、智能化方向加速发展，全域经济发展进入发展新阶段，数字技术对于经济发展的作用全面释放。

5. 平台功能强化，助企发展增效

龙华区将加快完成大数据库构建，完善平台功能模块，汇聚工业互联网平台资源，将深圳（龙华）数字赋能公共服务平台打造成为粤港澳大湾区乃至全国首个综合性数字赋能公共服务平台。为企业提供项目备案、数字化转型诊断、服务商能力画像、解决

方案图谱、转型赋能等服务。依托工信部国家工信安全发展中心
的全国监测平台数据以及 3 个国家工业互联网双跨平台、19 家省
资源池企业等行业平台资源，加速打造龙华区新一代信息技术与
制造业融合发展的生态优势。立足龙华，进一步汇聚全市工业互
联网平台资源，将行业资源辐射整个粤港澳大湾区，促进工业互
联网产业繁荣。

在"数字龙华"建设进程中，坚持以经济建设为中心，以产
业数字化和数字产业化"双引擎"为正向驱动，为传统企业群的
数字化转型提供正向引导，尤其是制造业，以数字引领产业基础
再造。坚持创新是第一动力，加强高校、研究院、企业的创新合
作，完善数字基础设施，构建数字经济系列政策体系，打造数字
经济支撑保障工具箱，进一步完善数字化发展的体制机制，提升
经济发展韧性，释放创新能力。未来的龙华区将成为湾区先进
制造转化基地、深圳数字经济核心承载区、"人工智能 + 工业互
联网 + 5G"应用先导区，打造全球万亿级数字经济圈。

7.2.3　全面建成未来城市体验区

基于全生命周期型的数字城区建设要求，坚持《深圳市龙华
区数字城区建设三年行动方案（2022—2024 年）》指引，贯彻
"数字营城、万物智联、场景驱动、空间再造"的数字城区建设
路径，将智慧智能作为城市的基础和标配，以数字化转型整体驱
动城市生产方式、生活方式和治理方式变革。未来，龙华将完成
数字体制机制变革，全面夯实数字基础设施及数字平台底座，数
字孪生技术得到充分应用，全域基本形成 15 分钟智慧服务圈，实
现城市运行全领域、全过程、全要素数字化，城市数字空间与物
理空间的精准交叉映射，人、产、城全面互联，政、企、民三端
互通，"虚实共生、全真互联"的数字城区加速形成。

1. 统筹机制革新，建设框架深化

数字城区建设是顶层设计、整体创新的过程。基于数字化工作机制、数据管理制度的不断探索完善，结合"数字龙华"的发展需求，实现顶层设计和基层探索有机结合、技术创新和制度创新双轮驱动，营造良好的政策环境和支撑条件全方位促进龙华数字城区发展。在总体框架层面，完成数字城区"1＋2＋4＋6＋N"建设框架向"1＋3＋N＋S"升级发展，"1"即一个数字底座，实现全域数字系统指挥调度一体联动；"3"即3大数字化发展体系，包括新型基础设施体系、数字中台操作体系、未来城市场景试验体系协同发展；"N"即N个数字创新应用的服务项目，在六大重点片区提供更多元、优质的未来城市场景服务；"S"即S项城区建设发展专项政策，支撑未来城市试验场景深度开发建设。在细分领域层面，龙华区已就5G网络技术、工业互联网、物联网、人工智能、区块链等重点技术发展领域出台相应的细分支撑政策。今后，将在数字技术融合应用及监管落地层面出台相应的支撑政策，确保未来城市试验区全面建成，支撑城区的数字化转型顺利完成。在项目执行层面，数字化工作机制愈加规范化、内部管理制度愈加标准化。数字城区建设工作专班，结合项目建设发展实际，落实"三联"工作法和包片联系工作机制，按建设项目细分责任到岗，工作人员定期轮岗、交叉监察工作，推动项目按计划目标时间高质量完成施工建设。

2. 基础设施健全，设施数智互联

新型基础设施建设是智慧城市建设的关键抓手。随着传统基础设施信息化、智能化、网络化升级，龙华区形成适应智能经济和智能社会需要的数字基础设施体系。龙华区已起草完成了《龙华区新型信息基础设施发展白皮书》，摸清全区基础设施建设现状并谋划未来重点设施布局。到2022年底，新增建设5G基站3000

个，实现 5G 信号的独立组网全覆盖。同时龙华区大力推进多功能智能杆建设进度，完成多功能杆 900 根布设，打造 5G、多功能杆"一街道一试点多场景"项目，加快提升全区新型信息基础设施水平，推广水务、电力、燃气、环保、安防等市政基础设施领域物联网应用。打造全国领先的信息基础设施高地，城市部件基本实现数字化，形成"万物互联、数智融合、技术引领"的数字基础设施体系。到 2025 年，基本建成高效兼容、全域互联、零碳示范、安全保障的新型信息基础设施体系，交互运行速度及智能联通水平处于全球领先水平，为龙华区建成全球数字核心区域和新型信息基础设施标杆城市奠基。高标准布局数字技术基础设施，加快"企业上云"进程，提升中小企业和传统企业上云率，积极开展熄灯工厂、离散制造等试点。到 2025 年，实现千兆宽带对家庭和重点场所的基本覆盖，多个工业园区建设高质量工业互联网基础设施，上百家工业企业上云上平台。

3. 中台底座夯实，指挥调度统一

以数字孪生城市平台、大数据平台、物联感知平台及智能运算能力平行交互的数字中台操作体系健全，数字中台体系的数据汇聚、融合、管理、共享、分析、挖掘能力全方位提升，并实现与市直部门、区属系统、全域物联感知终端设备有效互联，形成市场应用与数字中台相互促进的开放生态。数字中台能有效归集城市运行数据，生成城市体征数据项，通过高精度设备定位、边缘计算算法，搭建管线类型、点位、坐标、地面高程等数字化仿真模型构建"人、企、地、物、政"五张城市基础要素全景图，基本实现龙华区域运行态势"一屏统观"、区域运行体征重点指标"一图统揽"，为政府领导科学决策、指挥调度提供了智慧化支撑，切实解决各业务环节联动问题。在全区数字中台体系健全下，通过 AI 平台对全区算力资源、算法及数据在全域进行统一调度和统一监控，实施"靶向"精准治理、专项治理，对全域交通、智慧环水、智慧医疗、智慧安监、智慧企服、综合管理、工程项目实施智能化管理，加快推进市容环卫、园林绿化、渣土运输等数字城管应用场景建设，简化政务流程，提高管理效率，城市管理精细化、智能化水平不断提升。

4. 数字孪生赋能，虚拟现实协同

龙华区现阶段在全域多项未来城市场景实验试点运用 BIM 系统，探索 CIM 基础平台建设，并已完成实景三维 MESH 模型成果集成，实现遥感影像数据、历史城市规划设计报建方案、地楼房空间数据及企业空间数据等多源数据融合，预计在 2025 年，率先完成深圳北站数字孪生城市应用系统建设。未来，龙华区将全面实现城市 CIM 基础平台建设和 CIM 基础平台在城市规划建设管理领域的广泛应用，现实城市与数字城市达到协同交互、平行运转，实现全息模拟、动态监控、实时诊断、精准预测城市运行状态，将城市治理提升到精细化水平。在精准识城模块方面，完成街景视频融合接口等物联感知数据接入，实现人口空间分布、流动分布及产业分布特征的精准分析。在精准营城模块方面，建成全区统一的数字孪生底座、平台、标准。按照六大片区不同定位，实现数字孪生模块差异化开发建设。持续推进北站数字孪生城市试点，推动城市空间设计等城市规建管运全生命周期数字化管理应用。在鹭湖中心城建设数字城市智能控制中心，重点打造城市设计、数字孪生、公共服务、低碳节能等方向数字化应用场景。推动重点片区数字开发建设平台（龙华超级商圈试点）建设提速，提高城市更新智能辅助决策水平，片区开发建设项目实现可视化统筹管理。加快谋划九龙山数字孪生城市模块，探索数字园区、数字能源等示范应用。结合数字孪生技术开展多领域数字应用，瞄准基础设施、设备、软件、泛在感知系统等重要环节，招引集聚一批 GIS、BIM、CIM、AIOT 等数字空间产业链企业，打造数字城区龙华品牌。

5. 多元场景构建，服务提质增效

为贯彻落实"数字龙华"发展战略，龙华区在全市率先提出"全域未来城市场景试验"，未来将加快完成 15 分钟智慧服务圈的构建，在公共服务管理层面上形成"城市—片区—社区"三级公共服务中心体系；在公共空间打造层面上，构建以轨道、河道、绿道、公共服务带组成的复合公共服务链，完成多个"趣而美"公共空间布局建设。利用大数据、物联网等技术，向全域人民提供未来人居、未来交通、未来教育、未来健康、未来文旅和未来商贸等领域新体验，并推动美团无人机智能配送运行等精品项目落地。

在未来人居上，智能门禁、数字物管等信息化服务已进入社区居民的日常生活，提升社区服务的数字化水平。基于大数据分析，建立标准和规范化信息服务系统，创新服务项目，实现社区管理、房屋租赁、智慧物流、新零售等社区智慧管理服务模块。在未来交通上，全面推动未来交通智能化应用，提升"人、车、路"融合协同能力。目前，龙华区升级了公交服务，精准识别公交需求，同时推动人行天桥、二层连廊等立体慢性系统建设，并持续实施"短平快"治堵工程，构建现代化交通治理体系。未来还将开展龙华大道自动驾驶车路协同试点，建设全面覆盖的自动驾驶网络。在未来教育上，推动科技与教育教学深度融合，实现教学模式的数字化转型。通过 5G 专网 + MEC 边缘部署、智慧物联和人工智能等技术开展远程教学、虚拟教学等应用，推进 VR 教学等新型教学方式，打造高度仿真、沉浸式、可交互的一体化学习场景，为教育插上智慧翅膀。在未来健康上，综合运用龙华医疗健康信息链平台、数字孪生底座等资源，通过应用物联网技术，打造智能化公共卫生服务体系，推动医患信息的分布式储存与共享，链接国内外医疗资源，实现医疗资源的优质供给。在未来文旅上，龙华区正在加快大浪时尚创意小镇、观澜版画基地等"十大特色文化街区"，通过数字技术优势落地一批沉浸式观影、图书馆无感式借还、科技馆仿真式互动、云博物馆等新场景，丰富线上文化和虚拟体验新模式。利用区块链技术赋能全域智慧旅游建设，打造龙华"区块链文旅平台"，实现"一机在手、说走就走"的智慧旅行方式。在未来商贸上，龙华国际商圈、北站国际商务区、大浪时尚小镇等高端服务商圈布局一批社区电商、数字货币消费、无人零售、AI 智慧门店、无人配送等场景，丰富居民数字消费柔性化、个性化订制和"一站式"体验，打造一批有影响力的未来消费高地。

数字化发展是数字时代城市转型的大势所趋，2020 年龙华区领跑全市提出加速发展"数字龙华"，2021 年深圳"十四五"规划明确规定了龙华区的"都市核心区"定位，在数字技术的串联下，龙华未来城区的美好愿景正在逐步成为现实。通过物联网、人工智能和数字孪生等技术，打造虚拟城市，让数字化渗透到龙华的角角落落，形成"实体 + 虚拟"相互映射、相互影响的城市建设管理运营新机制，实现物理世界与数字世界的融合，为城市注入智慧，为数字经济和数字治理提供应用场景和空间，让居民生活更美好。

7.2.4　全面建成智慧治理示范区

在国家和深圳市"十四五"规划的指导下，龙华以新一代信息技术赋能治理体系现代化和治理能力智能化，加速数网融合，构建"数字化 + 网格化"智慧治理新格局。2021 年，"党建 + 科技 + 治理"的龙华治理模式被国家发改委列为深圳经济特区创新举措和经验做法，并在全国推广。未来，龙华将加快构建"党委领导、政府负责、数据支撑、协同治理"的数字治理龙华模式，以数字化赋能组织流程重构、管理机制优化、数据流通加速以及治理工具升级，"党建 + 科技 + 治理"模式效应在龙华全域持续放大，数字治理全面化、协同化发展，政府完成数字化转型发展。

1. 数字政府构建，部门协同共治

随着龙华区持续地推进区数字政府改革建设，数字政府实现从连接、赋能、协同到重构的全貌发展，数字化赋能政府系统平台、业务流程重塑，推动政府数字化、智能化运行。在系统平台升级方面，全区的城市管理智慧指挥平台应用逐步成熟，民生诉求渠道高效流畅，社会事件实现"统一分拨"，严格按照社会治理事件分类分级清单有序处理。政府通过智慧政务系统中台实时监测城市运行态势、指挥应急联动，并以"i 社区 码上办"智慧服务平台等已有研发平台为基础，不断创新研发区块链底层平台、全栈云平台等"智慧 +"服务子平台，为政务服务实现"一网通办"、政府治理实现"一网统管"、政府运行实现"一网协同"奠定了技术基础，为市民提供一系列方便快捷的政务服务。在业务流程再造方面，基于数字政务服务平台优化，依托数字技术提供的平台、程序、硬件、场景，立体化数字治理管理模式发展成熟，打破部门之间、地区之间的隔阂。即区委常委以"数"指挥、统一调度，跨部门、跨层级横向共同协作，"区、街道、社区"纵向三级执行，形成"一体管全局"的多层级、立体化数字治理指挥体系，共用管理力量、共享物资装备、实现联勤联动，决策协同及诉求回应效率显著提升。

2. 要素基座筑牢，数据管理优化

在"数字龙华"全面建设下，龙华区将实现公共数据扩容储存，数据管理体系健全，数字赋能社会治理。基于新一代信息技术的技术支撑，多重异构数据实现高效的汇聚、整合、储存、共享、应用，自然资源和空间地理基础信息库、经济治理基础信息库、人口基础信息库、法人基础信息库等基础信息库得到有效增容，为政府智慧治理奠定数据要素基座。在数据资源增容下，政府公共数据资源管理体系、目录体系和数据安全体系等相应健全，数据分类分级管理进一步强化，形成政务数据资产管理"龙华方案"。对内，明确界定应用标准，提高了应用效率。以一数一源标准、数据质量测评标准、数据脱敏标准等数据标准体系为前提，政务数据实现"一源多用"，即数据信息源在政务内网流通共享，相关部门依据自身业务需求提取应用，有效消除层级、部门间的信息壁垒，政务数据资源共享体系完善。对外，公共数据有序公开，释放了数据红利。公共数据开放服务纳入公共服务体系，信用、交通、卫生、就业、气象等重点领域数据分类分阶段向社会开放，政务数据与社会数据平台对接，数据要素在产业链上下游充分流通和深度融合，公共数据资源得到更高效的开发利用，政府完成由数据提供者向服务提供者转变。

3. 平台信息交互，数据全面流通

加快"龙华区基层数字治理"的业务中台项目建设，建设全区"统一底座、统一入口、统一分拨、统一指挥"的数字治理一体化协同应用平台，数字赋能政务网络系统兼容性提升，实现政府单位、公共机构以及社会组织服务等端口间的深度联通、融合，有效互联，信息流、数据流无障碍联通，管理者和管理对象可以同步在数字"通道"内传递或接收数据、信息。在政务内网层面，基于区域大数据中心等算法基础设施的完善，基本形成统一、高效的电子政务内部网络体系，各类政务专网实现迁移整合或顶层互联，集成化的政务系统办公效率综合提升，系统相关的政务事项实现跨部门、跨层级协同办理和数据共享，政务内网网络安全保障水平大幅提升。在政务外网层面，依托电子政务外网构建政务云平台体系，整合算力资源，支撑大数据、人工智能、区块链等新技术创新，推广应用移动政务 App 等线上政务服务平台，政务外网的服务范围覆盖龙华全域，政府部门与公民的交互服务端愈加便捷化、高效化，政务服务事项已能完全实现全程网办，公民访问政务数据和申办事项主要通过线上平台得以实现办理，线下政务服务大厅的窗口业务办理服务趋于智能化。政务服务系统打通线上端口及线下窗口的交叉融合，有效提升了为人民服务的效率及质量。

4. 治理工具集成，治理水平增强

网络技术是数字治理的主要工具。新一代信息技术的不断迭代革新，物联网、区块链等技术促进了数字治理工具集成化，极大地丰富了龙华政府进行社会治理的工具箱。如近年来，龙华积极发挥电子哨兵、"龙眼"智慧流调系统等数字工具在疫情防控中的重要作用。在深圳北站进站口，旅客们将身份证在"健康防疫核验平台一体机"上进行扫描，粤康码、核酸检测和疫苗接种情况全部显示在电脑屏幕上，旅客顺利通过检验，整个过程仅需3 秒。核心流调工作提速最快至 40 分钟即可完成。城中村"三区"围合，通过 CIM 平台大大缩短工作生效时长。未来，龙华区政务服务和监管工具的数字化集成、整合水平将提升至新高度，完成分散的、各自为政的政务治理模式向一体化的政务治理模式转变，实现跨业务、跨部门的协同合作。在一体化治理模式中，政府综合运用集约化的数字治理工具，加速需求的信息收集过程，简化繁杂的决策流程和运行机制，政府精准决策的能力显著提升，并能实现在统一的数字化集成平台内完成跨部门、跨岗位的业务办理，助推政府治理向纵深方向发展，全面促进政府的数字化转型升级。

5. 应用场景拓展，服务质量提升

聚焦群众急难愁盼，围绕数字治理"社会管理、多元共治、为民服务"三大领域，2022 年龙华推广数字治理"百应用"30个，打造富有温度的"数字"社会。在社会管理领域，推动网格整合升级、拓展块数据应用，运用数字孪生在北站枢纽、城中村创新治理类应用，推进城市管理智能化、无人化，破解街道社区痛点问题；在多元共治领域，深化"党建＋科技＋治理"模式，凸显党建引领作用，全面推广"一社三会""书记茶话会"共治经验，完善"积分银行""时间银行"激励机制，打造党味浓厚、服务贴心、人气聚集、资源共享云上家园；在为民服务领域，依托数字化平台、渠道、手段提高服务资源配置效率，创新提出"数治网格员"，探索构建分布式、居民家门口的政务服务代办窗口、网格员帮办服务、数字健康服务。

通过充分将互联网、大数据、人工智能、5G 等数字技术应用于政府服务和社会管理等，龙华区将全面加速城市治理的智慧升级，为城市治理装上"数字化大脑"，建成以人为本、精细高效、协同敏锐、实用为先、多元参与的现代化数字治理体系，为"数字龙华、都市核心"战略提供坚实支撑和治理保障，提出数字时代高密度城区治理体系与治理模式的"龙华方案"，打造国内领先的智慧治理示范区。

参考文献

［1］ 布成良：《党建引领基层社会治理的逻辑与路径》，《社会科学》2020 年第 6 期，第 71 ~ 82 页。

［2］ 白艳玲：《后疫情时代基层数字治理模式的创新与实践——以北京"数字红墙"为例》，《互联网天地》2021 年第 2 期，第 37 ~ 41 页。

［3］ 陈劲、杨文池、于飞：《数字化转型中的生态协同创新战略——基于华为企业业务集团（EBG）中国区的战略研讨》，《清华管理评论》2019 年第 6 期，第 22 ~ 26 页。

［4］ 陈水生：《城市治理数字化转型：动因、内涵与路径》，《理论与改革》2022 年第 1 期，第 33 ~ 46 页。

［5］ 陈观林、李圣权、翁文勇：《中国数字城市建设的现状及发展趋势分析》，Proceedings of International Conference on Engineering and Business Management，2010。

［6］ 陈秀红：《整体性治理：党建引领基层治理的一个解释框架》，《学习与实践》2021 年第 12 期，第 93 ~ 102 页。

［7］ 党安荣、甄茂成、王丹等：《中国新型智慧城市发展进程与趋势》，《科技导报》2018 年第 18 期，第 16 ~ 29 页。

［8］ 杜庆昊：《数字产业化和产业数字化的生成逻辑及主要路径》，《经济体制改革》2021 年第 5 期，第 85 ~ 91 页。

［9］ 方跃：《数字化领导力》，中国出版集团东方出版中心，2019。

［10］贺东航、孔繁斌：《公共政策执行的中国经验》，《中国社会科学》2011 年第 5 期，第 61 ~ 79 页。

［11］顾丽梅、李欢欢：《上海全面推进城市数字化转型的路径选择》，《科学发展》2022 年第 2 期，第 5 ~ 14 页。

［12］何圣东、杨大鹏：《数字政府建设的内涵及路径——基于浙江"最多跑一次"改革的经验分析》，《浙江学刊》2018 年第 5 期，第 45 ~ 53 页。

［13］何艳玲、王铮：《统合治理：党建引领社会治理及其对网络治理的再定义》，《管理世界》2022 年第 5 期，第 115 ~ 131 页。

［14］胡象明、唐波勇：《整体性治理：公共管理的新范式》，《华中师范大学学报》（人文社会科学版）2010 年第 1 期，第 11 ~ 15 页。

［15］黄璜：《中国"数字政府"的政策演变——兼论"数字政府"与"电子政务"的关系》，《行政论坛》2020 年第 3 期，第 47 ~ 55 页。

［16］黄建伟、陈玲玲：《国内数字治理研究进展与未来展望》，《理论与改革》2019 年第 1 期，第 86 ~ 95 页。

［17］黄欣荣、潘欧文：《"数字中国"的由来、发展与未来》，《北京航空航天大学学报》（社会科学版）2021 年第 4 期，第 99 ~ 106 页。

［18］李汉卿、孟子龙：《城市数字治理的生成及其风险防控：以上海市 M 区"一网统管"为例》，《当代经济管理》2022 年第 44 期，第 72 ~ 79 页。

［19］李伟：《新加坡基于虚拟模型发展智慧城市》，《检察风云》2021 年第 15 期，第 34 ~ 35 页。

［20］李威利：《党建引领的城市社区治理体系：上海经验》，《重庆社会科学》2017 年第 10 期，第 34 ~ 40 页。

［21］黎文娟、陆平、乔标：《数字经济发展的四大新趋势》，《互联网经济》2018 年第 11 期，第 20～25 页。

［22］李载驰、吕铁：《数字化转型：文献述评与研究展望》，《学习与探索》2021 年第 12 期，第 130～138 页。

［23］龙瀛、张雨洋、张恩嘉 等：《中国智慧城市发展现状及未来发展趋势研究》，《当代建筑》2020 年第 12 期，第 18～22 页。

［24］吕铁：《传统产业数字化转型的趋向与路径》，《人民论坛·学术前沿》2019 年第 18 期，第 13～19 页。

［25］欧阳静：《政治统合制及其运行基础——以县域治理为视角》，《开放时代》2019 年第 2 期，第 184～198 页。

［26］沈霄、王国华：《基于整体性政府视角的新加坡"智慧国"建设研究》，《情报杂志》2018 年第 11 期，第 69～75 页。

［27］宋晓宇、范迪、张丽：《"十四五"时期城市新型基础设施建设的内涵特征和发展趋势》，《科学发展》2021 年第 7 期，第 100～107 页。

［28］汤志伟、李金兆：《中国地方政府互联网服务能力发展报告（2021）》，社会科学文献出版社，2021。

［29］温雅婷、余江：《数字科技驱动的中国新型智慧城市：理论逻辑与作用机制分析》，《创新科技》2022 年第 5 期，第 1～8 页。

［30］徐家林、赵戚斐：《促进数字政府整体智治》，《中国社会科学报》2022 年 6 月 30 日，第 1 版。

［31］严子淳、李欣、王伟楠：《数字化转型研究：演化和未来展望》，《科研管理》2021 年第 4 期，第 21～34 页。

［32］杨学成：《从新加坡"智慧国 2025"看大数据治国》，《通信世界》2017 年第 24 期，第 9 页。

［33］曾德麟、蔡家玮、欧阳桃花：《数字化转型研究：整合框架

与未来展望》，《外国经济与管理》2021 年第 5 期，第 63 ~ 76 页。

[34] 翟云、蒋敏娟、王伟玲：《中国数字化转型的理论阐释与运行机制》，《电子政务》2021 年第 6 期，第 67 ~ 84 页。

[35] 张超：《数字中国之价值意蕴的三维解读》，《中共济南市委党校学报》2022 年第 1 期，第 25 ~ 28 页。

[36] 张超、陈凯华、穆荣平：《数字创新生态系统：理论构建与未来研究》，《科研管理》2021 年第 3 期，第 1 ~ 11 页。

[37] 张辉：《产业集群竞争力的内在经济机理》，《中国软科学》2003 年第 1 期，第 70 ~ 74 页。

[38] 张龙鹏、汤志伟：《企业信息技术应用对开放式创新的影响：交易成本视角》，《科技进步与对策》2018 年第 20 期，第 79 ~ 87 页。

[39] 张龙鹏、周笛：《服务业信息技术应用与生产率提升——来自中国企业的经验研究》，《财贸研究》2020 年第 6 期，第 1 ~ 13 页。

[40] 张晓：《数字化转型与数字治理》，中国工信出版集团，2021。

[41] 赵刚：《数据要素全球经济社会发展的新动力》，人民邮电出版社，2021。

[42] 郑磊：《开放政府数据的价值创造机理：生态系统的视角》，《电子政务》2015 年第 7 期，第 2 ~ 7 页。

[43] 郑磊：《数字治理的效度、温度和尺度》，《治理研究》2021 年第 2 期，第 5 ~ 16 页。

[44] 竺乾威：《从新公共管理到整体性治理》，《中国行政管理》2008 年第 10 期，第 52 ~ 58 页。

[45] 祝智庭、胡姣：《教育数字化转型的理论框架》，《中国教育学刊》2022 年第 4 期，第 41 ~ 49 页。

［46］ Demirkan, H. , Spohrer, J. C. , Welser, J. J. , "Digital Innovation
and Strategic Transformation, " *IT Professional*, 2016, 18 (6) , pp.
14 – 18.

［47］ Magistretti, S. , Pham, C. T. A. , DellEra , C. , "Enlightening the
Dynamic Capabilities of Design Thinking in Fostering Digital
Transformation, " *Industrial Marketing Management*, 2021 (97) ,
pp. 59 – 70.

［48］ Matt, C. , Hess, T. , Benlian, A. , "Digital Transformation Strategies, "
Business & Information Systems Engineering, 2015, 57 (5) , pp.
339 – 343.

［49］ Tan, B. , Pan, S. L. , Lu, X. et al. , "The Role of IS Capabilitiesin
the Development of Multi – Sided Platforms: The Digital Ecosystem
Strategy of Alibaba. com, " *Journal of the Association for Information
Systems*, 2015, 16 (4) , pp. 248 – 280.

［50］ Verhoef, P. C. , Broekhuizen, T. , Bart, Y. et al. , " Digital
Transfo-rmation: A Multidisciplinary Reflection and Research
Agenda, " *Journal of Business Research*, 2021, 122, pp. 889 – 901.

［51］ Vial, G. , "Understanding Digital Transformation: A Review and
a Research Agenda, " *The Journal of Strategic Information Systems*,
2019, 28 (2) : 118 – 144.

图书在版编目（CIP）数据

　　深圳龙华:数字中国建设的城区样本 / 汤志伟编著
. -- 北京：社会科学文献出版社，2023.2
　　ISBN 978 - 7 - 5228 - 1070 - 6

　　Ⅰ.①深…　Ⅱ.①汤…　Ⅲ.①信息经济 - 区域经济发
展 - 研究 - 深圳　Ⅳ.①F492.3

　　中国版本图书馆 CIP 数据核字（2022）第 227216 号

深圳龙华：数字中国建设的城区样本

编　　著／汤志伟

出 版 人／王利民
组稿编辑／邓泳红
责任编辑／陈　颖
责任印制／王京美

出　　版／社会科学文献出版社·皮书出版分社（010）59367127
　　　　　地址：北京市北三环中路甲 29 号院华龙大厦　邮编：100029
　　　　　网址：www.ssap.com.cn
发　　行／社会科学文献出版社（010）59367028
印　　装／三河市东方印刷有限公司

规　　格／开 本：787mm × 1092mm　1/16
　　　　　印 张：14　字 数：167 千字
版　　次／2023 年 2 月第 1 版　2023 年 2 月第 1 次印刷
书　　号／ISBN 978 - 7 - 5228 - 1070 - 6
定　　价／128.00 元

读者服务电话：4008918866